지은이 소개

지은이 **김기태**

세명대학교 디지털콘텐츠창작학과에서 학생들을 가르치고 있습니다. 2000년 2월 「뉴미디어의 기술 진전과 저작권 보호에 관한 연구」라는 논문으로 박사 학위를 받았습니다. 1996년 한국출판평론상, 2003년 책의 날 문화관광부장관 표창을 받았으며 2005년 제26회 한국출판학회상(저술·연구 부문), 2007년 책의 날 국무총리 표창 등을 수상했습니다. 출판평론가로서 각종 매체에서 활발한 비평 활동을 펼치고 있으며, 여러 기관과 단체를 대상으로 저작권 실무 및 정책에 대한 자문과 강의를 하고 있습니다. 그 밖에 한국출판학회·한국언론학회 이사, 한국전자출판학회 명예회장, 국무총리 산하 경제·인문사회연구회 연구윤리평가단 간사(역임), 한국저작권위원회 감정자문위원·표절위원회 위원, 국립중앙도서관 문헌번호운영위원·장서개발위원, 제천기적의도서관 운영위원장 등으로 활동하고 있습니다.

주요 저서로는 「저작권법 총설」, 「출판 저작권」, 「응답하라 저작권」, 「동양 저작권 사상의 문화사적 배경 비교 연구」, 「무식한 대한민국이 되지 않으려면」 등이 있고, 주요 논문으로는 「문학 작품의 저작물성 판단 기준에 관한 연구」, 「새로운 패러다임 구축을 위한 '출판'의 재개념화 연구」, 「저작권법상 출판권 관련 조항의 실무적 한계와 개선 방안」, 「일본 근대 저작권 사상이 한국 저작권 법제에 미친 영향 : 출판권을 중심으로」, 「근대 일본의 출판 통제 정책 연구 : 메이지유신을 중심으로」, 「종이책과 비종이책에 관한 법제 개선 방안 연구」, 「교과용 도서에 관한 법제 개선 방안 연구 : 학습참고서 및 저작권법을 중심으로」, 「우리나라 대학생들의 저작권 보호에 관한 의식 조사 연구」, 「국내 문학 도서의 베스트셀러 요인 분석 연구」 등이 있습니다.

세상에 대하여 우리가 더 잘 알아야 할 교양

김기태 지음

47

저작권

카피라이트냐? 카피레프트냐?

내인생의책

차례

※ 본문의 **굵은 글씨**로 표시된 단어는 129페이지 용어 설명에서 찾아보세요.

들어가며 : 저작권, 카피라이트냐? 카피레프트냐?

오늘날에는 '창작이 있는 곳에 저작권이 있다.'는 말이 자연스럽게 쓰이고 있습니다. 문화 발전을 위해 창작자(시인, 소설가, 화가, 작곡가, 사진작가 등)의 권리를 법으로 지켜 주는 일이 필요한데, 이를 위해 저작권이란 권리를 창작자에게 주어야 한다는 뜻이지요. 만일 '저작권'을 법으로 보호하지 않았다면 우리가 문화생활을 통해 온갖 혜택을 누리는 일은 불가능했을 것입니다. 평생을 공들여 연구하고 창작한 사람에게 아무런 보상을 하지 않고 그 결과물만을 이용한다면 어떻게 될까요? 아마 어느 누구도 힘들게 창조적인 활동에 힘을 쏟지 않을 것입니다. 저작권은 현대 자본주의 사회에서 자칫 소홀해지기 쉬운 창작자의 노고를 최소한으로 보장해 주는 권리입니다.

하지만 여기에 문제가 없는 것은 아닙니다. 저작권 보호가 전 세계적으로 강화되기 시작하면서 이로 인한 피해가 발생하고 있기 때문입니다. 우선, 저작권 행사를 통한 이익이 점점 커지면서 이러한 저작권을 다국적 기업이나 대기업 또는 이익 단체가 독점하기 시작했습니다. 이로 인해 창작자에게 더 많은 이익이 돌아가기보다는 기업이나 특정 단체의 배만 불리는 결과가 생겨났습니다. 또, 창작의 결과물인 저작물 이용에 따른 대가가 점점 비싸지면서 대중문화를 비롯한 다양한 문화와 정보의 이용에 부익부 빈익빈 현상이 발생하고 있습니다. 선진국 또는 부유한 사람들은 큰 부담 없이 즐길 수 있지만, 후진국 또는 가난한 사람들은 급여나 복지 수준이 낮기 때문에 새로운 정보나 문화 현상에 접근하지 못하는 일이 발생하고 있지요. 저작권 보호 때문에 접근 과정에서 격차가 생겨나고 가난한 이들이 가치 있는 정보에서 소외되는 등 불평등한 정보 분배 문제가 발생하고 있답니다.

이 같은 문제를 해결하기 위해 '카피레프트'라는 새로운 개념의 사회 운동이 생겨났습니다. 카피레프트copyleft라는 단어는 저작권을 뜻하는 말인 카피라이트copyright를 비틀어 풍자하여 만든 말입니다. 정보의 독점을 막고 모든 사람이 평등하게 정보에 접근할 수 있도록 기존 저작권 개념을 수정하자는 운동이지요. 저작권이 아닌 새로운 형태의 수익 모델을 창조하자고 주장하는 이 카피레프트 운동은 아직까지는 성공 단계에 이르지 못했지만 세계 곳곳에서 다양한 방법으로 시도되고 있습니다. 몇몇 사례는 꽤 긍정적인 결과를 내기도 했지요. 그러나 이 운동은 개인의 재산적 권리를 심각하게 훼손할 수 있다는 저작권 옹호론자들의 논리에 막혀 많은 논란을 부르고 있습니다.

세더잘 시리즈 47 '저작권, 카피라이트냐? 카피레프트냐?' 편은 이와 같은 저작권을 둘러싼 첨예한 논쟁을 중심으로 우리 청소년들에게 저작권에 대한 보다 폭넓은 이해와 함께 올바른 판단의 기회를 주고자 기획되었습니다. 우리 청소년 여러분은 저작물 이용자인 동시에 창작자가 될 수밖에 없습니다. 저작권은 과연 여러분에게 무엇일까요? 함께 생각해 봅시다.

2016년 10월

세명대학교 인문학과 연구실에서

김기태

저작권이란?

인간의 사상이나 감정을 표현한 창작물을 저작물이라고 합니다. 저작물을 창작한 저
작자에게 주어진 권리를 저작권이라고 하며, 이는 저작인격권과 저작재산권으로 이루
어집니다.

'저작권'이란 무엇일까요? 누구든지 마음대로 남의 창작물을 베끼거나 모방할 수 있다면 편리할 텐데, 왜 그렇게 하면 안 된다고 하는 걸까요? 인터넷에 들어가면 온갖 글과 이미지와 동영상이 많은데, 그것들을 마음대로 이용하면 안 된다고 하는 이유는 뭘까요? 내가 좋아하는 노래의 음원이나 영화의 재생 파일을 내려 받거나, 어제 못 본 TV 예능 프로그램을 다시 보려면 왜 돈을 내라고 하는 걸까요? 심지어 저작권을 침해한 사람은 법에 따라 처벌을 받아야 한다는데, 그렇게 하는 이유는 무엇일까요?

저작권을 가진 사람은 저작권을 지금보다 더욱 강화해야 한다고 주장합니다. **저작물**을 이용하는 사람은 별것도 아닌 걸 가지고 권리 운운한다고 볼멘소리를 하지요. 사실 '하늘 아래 새로운 것은 없다!'는 말도 있고, '**저작자**는 거인의 어깨 위에 올라서 있는 난쟁이에 불과하다.'는 말도 있는 걸 보면 일방적으로 저작권 보호를 주장하는 것에 문제가 있어 보입니다. 하지만 저작권을 보호하지 않는다면, 너도나도 베끼기만 할 것이고, 누가 노력을 기울여 창작하려는 마음을 먹겠느냐는 반론도 만만치 않습니다. 순수 창작보다 남의 저작물을 슬그머니 훔치는 게 쉽기 때문에 좋은 예술 작품이나 의미 있는 연구 성과가 나오기 힘들다는 것이지요.

저작물, 저작자, 저작권

지식재산권 중 하나인 저작권은 '인간의 사상 또는 감정을 표현한 창작물'을 만들었을 때 그 저작자에게 주어지는 권리를 일컫는 말입니다.

예를 들어 볼까요. 학교에서 열린 글짓기 대회에 나간 학생들이 '봄'을 주제로 하는 시를 써냈다고 합시다. 학생 중에는 몇 시간 동안 고민에 고민을 거듭하면서 문장을 쓴 뒤 이리저리 고치는 친구가 있는가 하면, 어떤 학생은 슬그머니 다른 친구가 쓴 시를 베끼기도 합니다. 어디 그뿐인

▌ 자기가 쓴 글을 보며 생각에 잠긴 영국의 대문호 찰스 디킨스

가요? 어떤 학생은 스마트폰이나 컴퓨터를 통해 인터넷에 접속해서 다른 사람이 써 놓은 시를 찾아내 짜깁기하느라 바쁜가 싶더니 어느새 친구들과 모여서 신나게 놀고 있네요.

　마침내 원고 마감 시간이 되어 참가 학생들 모두 자기가 쓴 시를 제출합니다. 마침내 입상작 발표를 하네요. 몇 시간 동안 열심히 생각해서 스스로 다듬은 시를 「봄날의 추억」이란 제목으로 써낸 친구가 우수상을 받았네요. 그런데 「봄은 봄이다」라는 제목의 시로 최우수상을 받은 학생이 놀랍게도 아까 인터넷을 뒤져 다른 사람의 시를 베낀 친구라면 어떨까요?

　우수상을 받은 「봄날의 추억」은 '봄'에 대한 생각이나 느낌이 글쓴이

▌특허법

마음 그대로이기 때문에 당연히 저작물이라고 할 수 있습니다. 하지만 최우수상을 받은 「봄은 봄이다」는 어떤가요? 다른 사람의 생각이나 느낌을 마치 자기 생각이나 느낌인 것처럼 속인 것에 불과한데도 최우수상을 받는 게 당연한 일일까요? 「봄날의 추억」을 쓴 학생은 자기 글의 저작자가 되며, 당연히 그 글에 대한 저작권을 갖게 됩니다. 그렇다면 「봄은 봄이다」를 쓴 학생에게도 저작권을 주어야 할까요? 당연히 아닙니다.

결국, 어떤 저작물을 직접 창작한 사람을 가리켜 '저작자'라고 하며, '저작권' 역시 직접 창작한 저작자에게 주어야 합니다.

전문가 의견

창작성이 있어야 한다는 것은 저작물이 저작자 개인의 독자적인 사상 또는 감정의 표현으로서, 남의 것을 단순히 모방한 정도가 아니며, 누가 하더라도 같거나 비슷할 수밖에 없는 내용이 아니어야 한다는 뜻이다.

– 장인숙 저작권법학자

저작권의 범위는…… 문학 · 학술 · 예술의 범위에 너무 엄격하게 구애될 필요는 없다. 특허법의 보호를 받는 발명 및 실용신안법의 보호 대상인 고안 등 기술의 범위에 속하는 것을 제외한다는 정도로 해석함이 옳을 것이다. 따라서 작품의 수준이나 윤리성 따위는 문제 삼을 필요가 없다.

– 한승헌 변호사

집중 탐구 **저작물이란 무엇일까?**

저작물이란 학술 또는 예술의 영역에서 이루어진 독창적인 표현에 해당하는 것을 의미한다. 문학 작품, 학술 논문, 강연, 작곡, 연극, 영화, 춤, 그림, 조각, 건축, 사진, 지도 같은 것들이 있고, 응용 미술품이나 컴퓨터 프로그램도 저작물에 해당한다.

저작물에는 창작성이 있어야 한다. 저작권의 핵심이 '창작성'에 있기 때문이다. 저작물에서 창작성은 특허나 실용신안 같은 산업재산권에서 말하는 진보성이나 고도의 예술성과는 다른 것으로 '단순히 남의 것을 베끼거나 모방하지 않는 정도'의 창작성을 의미한다.

저작물로 인정받기 위해서는 저작물이 외부로 표현되어야 한다. 표현되지 않고 머릿속에만 있는 것, 생각으로만 떠도는 것은 저작물로 보호받지 못한다. 하지만 표현과 아이디어를 구분하는 것은 어려운 일이다. 기계를 만드는 방법이 서술된 책을 읽고 아이디어를 얻어 기계를 만들었다면 어떨까? 이러한 행위는 논문의 복제, 즉 표현을 베낀 것이 아니므로 저작권 침해라고 할 수 없다.

나아가 창작성은 다른 사람보다 먼저 만드는 것을 의미하지 않는다. 다른 사람이 먼저 창작한 저작물이라고 해도 그것을 모방하지 않고 별도로 창작했는데 우연히 비슷해졌다면 창작성을 충족한 것이 된다. 그렇다 보니 (이론적으로는) 같은 저작물이 다른 저작자에 의해 여러 개 창작될 수도 있다.

실연, 음반, 방송 분류표

분류	종류	복제물 형태	비고
어문 저작물	시, 소설, 수필, 교양물, 평론, 논문, 학습물, 기사, 칼럼, 연설, 희곡, 시나리오, 시놉시스, 각본, TV 대본, 라디오 대본, 가사, 사용 설명서, 브로셔, 기획안 등	인쇄물, 책, 디스켓, CD 등	
음악 저작물	대중가요, 순수 음악, 국악, 동요, 가곡, 오페라, 관현악, 기악, 종교 음악, 주제가 등	테이프, CD 등	작사 – 어문 작곡 – 음악 편곡 – 2차적 작사 · 작곡 – 음악
연극 저작물	무용, 발레, 무언극, 뮤지컬, 오페라, 마당극, 인형극, 즉흥극, 창극 등	비디오테이프, CD, DVD 등	
미술 저작물	회화, 서예, 조소, 판화, 모자이크, 공예, 응용 미술, 만화, 로고, 포스트, 그림 동화, 캐리커처, 십자수 도안 등	인쇄물, 사진, 디스켓, CD 등	
건축 저작물	건축물, 건축 설계도, 건축물 모형	설계도, CD 등	
사진 저작물	일반, 풍경, 인물, 광고 등	사진, CD 등	
영상 저작물	극영화, 애니메이션, 방송 프로그램, 기록 필름, 광고, 게임 영상, 뮤직비디오, 교육용 동영상 등	비디오테이프, CD, DVD 등	
도형 저작물	특수 목적 지도, 도표, 설계도(건축 설계도 제외), 모형, 지구의, 약도 등	인쇄물, 책, 디스켓, CD 등	
편집 저작물	사전, 홈페이지, 문학 전집, 시집, 신문, 잡지, 악보집, 논문집, 백과사전, 교육 교재, 카탈로그, 단어집, 문제집, 설문지, 인명부, 전단, 데이터베이스 등	인쇄물, 책, 디스켓, CD 등	
2차적저작물	원저작물을 번역 · 편곡 · 변형 · 각색 · 영상 제작 그 밖의 방법으로 작성한 창작물	위 복제물 중 해당 유형	

* 출처 : 저작권법 시행 규칙   * 그 밖에도 컴퓨터 프로그램 저작물이 있음.

저작권과 산업재산권

일반적으로 권리란 '법에서 인정하는 힘'을 말합니다. 이는 또 공익을 보호하기 위한 '공권'과 개인의 권리 보호를 위한 '사권'으로 나뉘지요. 우리가 흔히 경찰을 가리켜 '공권력'이라고 하는데, 이는 '공공질서를 지키기 위해 국가에서 국민에게 명령하고 강제할 수 있는 권력'이란 뜻입니다. 반면에 건물이나 땅, 은행에 있는 예금을 개인이나 특정 단체가 소유할 수 있는 권리는 사권에 해당합니다. 저작권은 제작자 개개인의 권리를 보호한다는 점에서 사권에 해당합니다.

사권은 재산권과 인격권으로 나눌 수 있습니다. 재산권은 개인의 재산적 · 경제적 이익을 보호하기 위해 주어지는 권리를 말합니다. 주로

❚ 저작권의 범위

'민법'이라는 법률을 통해 보호하는 권리이며, 다른 사람에게 넘겨주거나 가족에게 상속이 가능합니다. 하지만 인격권은 개인의 사회적 평판을 나타내는 '명예'처럼 인격적 이익을 보호하기 위한 권리이므로 양도나 상속을 할 수 없습니다.

저작권에는 재산권과 인격권이 함께 들어 있어서 그것을 분리하기가 쉽지 않습니다.

일반적인 재산권은 땅이나 돈처럼 형태가 있는 재산^{유체물}을 대상으로 하는 데 반해 저작권은 저작물이라는 형태가 없는 재산^{무체물}을 대상으로 한다는 점에서 차이가 있습니다. 또한 일반적인 재산권은 영구적인 데 비해 저작재산권은 보호 기간이 한정되어 있다는 점에서 다르지요.

그런 까닭에 저작권은 특허권 · 실용신안권 · 디자인권 · 상표권 같은 산업재산권과 함께 '지식재산권'이라고 불리기도 합니다. 산업재산권은 개인의 권리 보호뿐 아니라 산업 발전을 목적으로 하고 일정한 요건을 갖추어 특허청에 등록해야만 권리가 발생합니다. 반면에 저작권은 문화와 관련된 산업의 향상 발전을 목적으로 하며 어떠한 절차나 요건이 필요 없고 오직 저작물의 창작과 동시에 권리가 발생합니다.

저작인격권

저작인격권이란 '저작자가 자신의 저작물에 대해 갖는 정신적 · 인격적 이익을 법률로써 보호받는 권리'입니다. 여기서 '인격권'이란 명예권, 성명권, 초상권 같은 정신적인 권리를 말합니다. 재산권을 침해당하면 물질적 손해가 생기듯이 인격권을 침해당하면 정신적 고통이 뒤따릅니다.

- 특허법은 발명을 보호 · 장려하고 그 이용을 도모함으로써 기술의 발전을 촉진하여 산업 발전에 이바지함을 목적으로 제정되었다. 여기서 발명이란 자연법칙을 이용하여 수준 높은 창작물을 만드는 것을 의미한다.

- 실용신안법은 실용적인 고안을 보호 · 장려하고 그 이용을 도모함으로써 기술 발전을 촉진하여 산업 발전에 이바지함을 목적으로 제정되었다. 여기서 고안이란 '산업상 이용할 수 있는 물품의 형상 · 구조 또는 조합에 관한 기술적 사상의 창작'을 가리킨다.

- 디자인보호법에 따르면 디자인이란 '물품물품의 부분 및 글자체를 포함한다의 형상 · 모양 · 색채 또는 이들을 결합한 것으로서 시각을 통하여 미감을 일으키게 하는 것'을 말한다.

- 상표법은 상표를 보호함으로써 상표 사용자의 업무상 신용 유지를 도모하여 산업 발전에 이바지하고, 수요자의 이익을 보호할 목적으로 제정되었다. 여기서 상표란 '자신의 상품을 타인의 상품과 구별하기 위해 사용하는 기호 · 문자 · 도형 · 입체적 형상 또는 이들을 결합한 것을 가리킨다. 또한 위의 각각에 색채를 결합한 것'을 의미한다.

저작인격권에는 공표권 · 성명표시권 · 동일성유지권이 있습니다.

공표권은 '저작물을 외부에 발표할 수 있는 권리'입니다. 저작물을 외부에 발표하는 시기나 방법을 저작권자가 결정할 수 있다는 뜻이지요.

저작자는 자기가 만든 저작물을 **공표**할 것인지 공표하지 않을 것인지를 결정할 수 있습니다. 만약 공표를 한다면 책, 연극, 영화, **방송**, 인터넷 카페, 블로그, 밴드 등 다양한 방법 중에서 어떤 방식으로 할 것인지, 언제 공표를 할 것인지 등을 판단할 수 있습니다. 그러므로 만일 저작자의 동의나 허락 없이 저작물을 공표하는 것은 당연히 저작자에게 주어진 저작인격권인 공표권을 침해하는 것이지요.

성명표시권은 '저작물마다 자신이 저작자임을 표시할 수 있는 권리'입니다. 저작자는 자신의 원작품과 복제물에 '실명'^{실제 이름}이나 '이명'^{필명이나 예명같이 본명 외에 달리 부르는 이름} 중에서 마음에 드는 것을 선택해 표시할 수 있습니다. 이는 저작자로서 자기를 주민등록증에 나타나 있는 이름으로 표시할 것인가, 아니면 남들이 잘 아는 예명이나 필명으로 표시할 것인가 등을 결정할 권리가 저작자에게 있다는 뜻입니다. 심지어는 남들이 잘 알지 못하는 자기만의 독특한 이름으로 표시할 수도 있지요. 또한 자기 이름을 미술 작품처럼 원작품에 직접 표시할 수 있고, 출판물처럼 표지에 문자로 표시할 수 있습니다. 물론 저작자 표시 없이 공표할 수도 있습니다. 따라서 이용자^{저작물을 이용하는 사람}가 이용 저작물에 원저작자를 무시하고 다른 사람으로 저작자를 표시하는 것은 명백한 성명표시권 침해입니다.

동일성유지권은 '저작물이 어떠한 형태로 이용되더라도 처음에 작성한 대로 유지할 수 있는 권리'를 말합니다. 저작자라면 자기 뜻에 관계없이 이용자가 마음대로 저작물을 변경하도록 내버려 두지 않을 겁니다. 나아가 자신의 저작물을 누군가 함부로 변경한다면 불쾌하겠지요. 따라서 저작자에게 '저작물의 내용은 물론 형식 및 제호^{책이나 신문 따위의 제목} 등에

빈센트 반 고흐는 '해바라기'라는
작품에 실명을 표시하였다.

있어서 동일성을 유지할 권리'를 준 것입니다.

　동일성유지권 침해 행위로는 저작자의 뜻을 무시한 채 이용자 마음대로 내용을 바꿔서 원작의 본질을 손상시키는 경우, 등장인물 또는 배경 따위를 바꿈으로써 원작의 본질을 해치는 경우 등이 있습니다. 또한 비극을 희극으로 바꾸거나 시를 소설로 바꾸는 것처럼 표현 형식 자체를 고치는 행위 등이 해당됩니다. 하지만 저작물의 본질적인 변경에 해당한다고 해도 그것이 정당한 절차를 거쳐 번역 또는 편곡 및 개작을 한 경우라면 동일성유지권 침해가 아닙니다.

▌ 셰익스피어의 원작 『한여름밤의꿈』을 바탕으로 재창조한 연극(왼쪽)과 그림이다.

위에서 살펴본 세 가지 권리는 그것을 침해당하면 물질적인 손해보다는 정신적인 고통이 더 크다는 점에서 저작인격권이라고 한다는 점을 잊지 마세요.

한편, 저작인격권은 저작재산권과는 다른 특성을 가지고 있습니다. 우선 저작인격권의 성질은 '일신전속성'으로 요약됩니다. 저작인격권에 해당하는 공표권·성명표시권·동일성유지권은 저작자 자신만이 가질 수 있고 행사할 수 있다는 뜻이지요. 그렇기 때문에 저작재산권과는 달리 저작인격권은 절대로 다른 사람에게 양도하거나 상속할 수 없습니다.

저작물 이용자들이 주의해야 할 점은 특정 저작물의 저작재산권을 양도받았다 하더라도 그것의 저작인격권은 여전히 저작자에게 있다는 점입니다. 많은 돈을 주고 저작재산권을 사 왔다고 하더라도 마음대로 저작자의 이름을 바꾸거나 내용을 함부로 변경한다면 저작인격권에 속하는 성명표시권과 동일성유지권을 침해한다는 점을 명심하세요.

저작재산권

저작재산권은 말 그대로 저작자가 자신의 저작물에 대해 갖는 재산적인 권리를 가리킵니다. 자신이 직접 자기 저작물을 이용하는 경우보다는 남에게 저작물을 이용하도록 허락하고 대가를 받는 경우가 대부분이지요. 우리 저작권법에서는 저작재산권을 복제권 · 공연권 · 공중송신권 · 전시권 · 배포권 · 대여권 · 2차적저작물작성권 등 일곱 가지로 나누어 규정하고 있습니다.

첫째, 복제란 '인쇄 · 사진 · 복사 · 녹음 · 녹화 및 그 밖의 방법으로 유형물^{형체가 있는 물건}에 고정하거나 유형물로 다시 제작하는 것'을 말합니다. 건축물의 경우에는 그 건축을 위한 모형 또는 설계도에 따라 이를 시공하는 것을 의미하지요. 각본이나 악보 또는 이와 유사한 저작물인 경우 **공연** · 방송 또는 실연^{배우가 무대에서 실제로 연기함}을 녹음하거나 녹화하는 것을 포함합니다.

조금 더 쉽게 풀어 볼까요. 작가는 소설 작품을 완성한 뒤 여러 방법으로 세상에 내놓을 수 있습니다. 일반적으로 출판사를 통해 책을 내는데, 이때 책을 내기 위해 종이에 문자로 표현하는 방식이 '인쇄'입니다. 인쇄로 똑같은 책을 여러 부수 복제할 수 있지요. 그 밖에 그림을 사진으로 찍거나 복사하는 것도 복제이고, 노래를 녹음하거나 노래하는 장면 또는 공연하는 장면을 녹화하는 것도 복제에 해당합니다. 그뿐만 아니라 인터넷에 올라 있는 글이나 사진, 그림 따위를 복사^{캡처}하는 것도 복제에 해당하지요. 어떤 저작물을 복제하려면 '복제권'이라는 저작재산권을 갖고 있는 사람에게 이용허락을 받아야 한다는 것이 '복제권'의 주요 개념입니다.

둘째, '공연이란 저작물을 실연 · 음반 · 상연 · 연주 · 가창 · 구연 · 낭독 · 재생 그 밖의 방법으로 **공중**^{일반 사람들}에게 공개하는 것'을 의미합니다. 예를 들어, 어떤 시 한 편을 여러 사람이 모인 가운데 낭송한다거나 희곡 작품을 무대에서 연극으로 상연하는 일이 곧 공연 행위라고 할 수 있지요. 실제 행위를 무대에 올리는 것뿐만 아니라 연극이나 노래하는 장면, 텔레비전이나 라디오 등으로 방송되는 장면을 녹음하거나 녹화하여 여러 사람이 모인 장소에서 재생하는 행위도 공연에 해당합니다. 그러므로 저

┃ 대량 인쇄

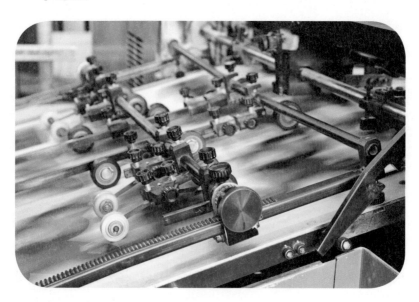

작권이 존재하는 저작물을 공연이라는 방법으로 이용하려면 '공연권'을 갖고 있는 저작재산권자의 이용허락이 필요한 것이지요.

셋째, **공중송신**이란 '실연·음반·방송 또는 **데이터베이스**를 공중이 수신하거나 접근하게 할 목적으로 무선 또는 유선 통신으로 송신하거나 이용에 제공하는 것'을 말합니다. 방송, **전송**, 디지털음성송신을 포함하는 개념이지요. 다시 말해서 어떤 저작물을 라디오나 텔레비전 같은 방송을 통해 내보내거나, 홈페이지 게시판, 블로그, 페이스북 등 인터넷에 유통시키는 행위가 바로 공중송신에 해당합니다. 이런 방식으로 저작물을 이용하려면 '공중송신권'을 갖고 있는 저작재산권자의 이용허락이 필요합니다. 공중송신권은 디지털 기술의 발달, 방송과 통신의 융합 등 예전과

▌조지 버나드 쇼가 쓴 희곡 「인간과 초인」(왼쪽)을 바탕으로 연극을 상연하고 있다.

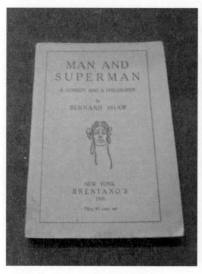

는 전혀 다른 새로운 저작물의 이용 형태가 등장한 뒤 저작자를 보호하려고 생긴 권리입니다.

넷째, 전시란 '예술 작품 따위를 여러 사람에게 보일 목적으로 공개된 장소에 진열하는 것'을 말합니다. 주로 미술저작물이나 건축저작물, 사진저작물과 깊은 관련이 있는 개념이지요. 국립중앙박물관이나 미술관에 가면 전시실마다 멋진 작품들이 진열되어 있는데, 이런 것이 바로 전시 행위랍니다. 원작품 또는 복제물을 전시할 권리를 가리켜 '전시권'이라고 하는 것이지요.

다섯째, **배포**란 '저작물의 원작품 또는 그 복제물을 공중에게 돈을 받거나 받지 않고 양도하거나 대여하는 것'으로서, 저작물을 시장에 유통시키는 것이 일반적인 방법입니다. 서점에서 책이나 음반을 파는 것을 생각하면 됩니다. 어떤 저작물을 사거나 빌리려는 사람에게 저작물을 배포하려면 '배포권'을 가지고 있는 저작재산권자에게 허락을 받아야 합니다.

여섯째, 저작권법에서는 '저작자는 판매용 음반이나 판매용 프로그램을 영리 목적으로 대여할 권리를 가진다.'고 대여권에 대해 규정하고 있습니다. 이러한 대여권은 모든 저작물에 미치는 것이 아니라 대여점에서 이용할 수 있는 판매용 음반과 판매용 소프트웨어에 대해서만 적용됩니다. 음악저작물 저작자는 자신이 창작한 저작물을 음반 형태로 만들어 발매함으로써 이득을 얻습니다. 컴퓨터프로그램 저작자는 자신의 프로그램을 정품 그 자체로 판매하여 경제적 이익을 얻지요. 그런데 판매가 아닌 대여가 이루어진다면 실제 이익이 그만큼 줄어들 수밖에 없습니다. 그런 점을 감안해서 판매용 음반과 소프트웨어에 대해서만 대여권을 주는 것

집중 탐구 2차적저작물의 유형

- 번역 : 글 또는 말로 이루어진 저작물을 다른 언어로 표현하는 것을 말한다. 이 경우에 언어 체계가 상당히 다르다면예를 들어, 고전을 현대어로 새롭게 표현하는 것과 같은 경우 굳이 외국어가 아니더라도 번역의 범주에 포함시킬 수 있다. 그러므로 번역은 내용과 문체에 있어서 충실하고 정확하게 원저작물을 표현해야 한다. 아울러 번역자는 다른 언어를 창작적으로 다룬 점을 인정받아 별도의 저작권을 부여받게 된다.

- 편곡 : 특정 연주 형태에 따라 악기 또는 가창자의 음역에 맞도록 하기 위해 이미 작성되어 있는 음악저작물의 표현 형식을 조정하는 것.

- 변형 : 미술 저작물에 있어서 그림으로 그려져 있는 것을 조각의 형태로 나타내거나 조각을 그림으로 그리는 등 표현 형식을 변경하는 것. 건축저작물을 변형시키는 것도 이에 해당하며, 넓은 의미로는 저작물의 각색이나 기타 방법으로 개작한 것을 모두 포함하는 개념이다.

- 각색 : 소설 같은 어문저작물이나 일반적인 음악저작물을 영상물로 바꾸는 것처럼 이미 작성되어 있는 저작물을 다른 장르로 변형시키는 것. 같은 장르라 하더라도 성인용 저작물을 청소년용으로 다시 쓰는 것처럼 이용 상황에 따라 적당하게 변경하는 것도 각색에 포함한다. 또한 이러한 각색은 표현 형식만을 바꾸는 번역과는 달리, 저작물의 구성을 변경하는 경우도 해당된다.

- 기타 : 소설을 시로 표현하거나 시를 소설로 바꾸는 것처럼 '그 밖의 방법'이 있을 수 있다.

이지요.

일곱째, 2차적저작물이란 '원저작물을 번역 · 편곡 · 변형 · 각색 · 영상
제작 그 밖의 방법으로 작성한 창작물'을 말합니다. 우리 문학 작품이 외
국에서 출판되거나 외국 작품을 우리나라에서 출판할 때 번역하는 것이
대표적입니다. 또 소설 작품을 영화나 드라마로 만들려면 그 내용을 각색
하지 않으면 안 됩니다. 이처럼 원작을 바탕으로 가공된 새로운 저작물을
2차적저작물이라고 합니다. 결국 2차적저작물작성권은 저작자가 자기
저작물을 원저작물로 하는 2차적저작물을 작성하여 이용할 수 있는 권리
를 가리킵니다.

저작인접권

저작인접권은 말 그대로 저작권이 아닌 '저작권에 인접한 권리'를 말
합니다. 우리 저작권법에서는 **실연자**, 음반제작자, 방송사업자에게 저작
인접권을 부여하고 있습니다. 여기서 '실연자'란 실제로 연기하거나 연
주하는 사람을 가리킵니다. 연극이나 영화 또는 드라마에서 등장인물을
연기하는 배우들, 대중가요나 가곡을 노래하는 가수를 떠올려 보세요.
또한 이들을 이끄는 감독이나 연출자, 지휘자 등도 실연자입니다. 그밖
에 음악이 담긴 음반을 만들어 사업하는 사람을 가리켜 '음반제작자'라
고 하고, 각종 방송 프로그램을 만들어 청취자 또는 시청자들을 대상으
로 사업하는 사람을 '방송사업자'라고 합니다. 이들은 모두 저작물을 직
접 창작한 사람은 아닙니다. 하지만 여러 저작물을 새롭게 해석하고 널
리 전파함으로써 문화 발전에 이바지하는 공로가 크므로 저작권에 인접

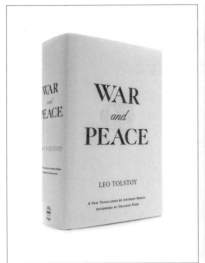

❙ 레프 톨스토이의 원작 전쟁과 평화(왼쪽)를 바탕으로 2차적저작물인 드라마를 만들었다.

하는 권리를 인정한 것이지요.

저작물을 복제하거나 전파하는 기술은 날이 갈수록 발전하고 있습니다. 이에 따라 저작인접권자들은 자칫 잘못하면 큰 손해를 볼 수도 있습니다. 그래서 오늘날에는 국내뿐만 아니라 국제적으로도 저작인접권에 대한 관심이 커지고 있답니다.

그런데 이 같은 저작인접권은 저작자에게 주어진 저작권과는 별개의 권리라는 사실을 잊어서는 안 됩니다. 실연이나 음반·방송을 이용하려면 반드시 저작물이 필요하므로 저작권자의 허락이 먼저 이루어져야 하는 경우가 있으니 주의해야 합니다. 예를 들어, A라는 가수가 B라는 음반 회사에서 음반을 냈는데, C라는 방송사에서 그 음반에 수록된 가요를 방송했다고 합시다. 이 경우에는 저작인접권자인 A,B,C 모두에게 권리가 작용하는 것은 당연합니다. 이와 동시에 음반에 수록된 가요의 작사가와 작곡가의 저작권 또한 자동적으로 발생합니다.

▌가수의 공연을 방송 프로그램으로 만드는 방송사업자

실연, 음반, 방송 분류표

분류	종류	복제물 형태
실연	가창, 연주, 반주, 연기, 음성 연기(더빙, 해설 포함), 무용, 지휘 등	CD, DVD, 테이프, 비디오테이프 등
음반	대중 음반, 클래식 음반, 국악 음반, 동화, 어학 교재 등	CD, DVD, 테이프 등
방송	라디오 방송물, TV 방송물 등	CD, DVD, 테이프, 비디오테이프 등

* 출처 : 저작권법 시행 규칙 저작인접권 등록 신청서(별지 제7호 서식)

생각해 보기

1. 우리 저작권법 제1조에서는 '이 법은 저작자의 권리와 이에 인접하는 권리를 보호하고 저작물의 공정한 이용을 도모함으로써 문화 및 관련 산업의 향상 발전에 이바지함을 목적으로 한다.'고 밝히고 있다. 이를 토대로 저작권법 제정의 진정한 목적은 무엇인지 생각해 보자.

2. 저작물로서 저작권법의 보호를 받으려면 '창작성'이 인정되어야 한다. 우리 주변에서 다양한 저작물을 찾아보고, 어떤 부분의 창작성이 두드러지는지 표현해 보자.

간추려 보기

- 인간의 사상이나 감정을 표현한 창작물을 가리켜 '저작물'이라고 하고, 이러한 저작물을 창작한 저작자에게 주어지는 법적 권리를 '저작권'이라고 한다.
- 저작권은 저작인격권과 저작재산권으로 이루어져 있다.
- 저작인격권에는 공표권, 성명표시권, 동일성유지권이 있으며, 저작재산권에는 복제권, 공연권, 공중송신권, 전시권, 배포권, 대여권, 2차적 저작물작성권이 있다.
- 실연자, 음반제작자, 방송사업자에게는 저작인접권이 주어진다.

2

CHAPTER

저작권 행사

저작권은 저작물의 이용허락, 재산권 양도 등으로 행사할 수 있으며, 저작재산권은
저자 사후 또는 저작물 공표 후 70년까지 정해져 있습니다.

오늘날 우리가 사는 세상은 온갖 지식과 정보를 바탕으로 발전하고 있습니다. 이러한 지식과 정보는 새로운 아이디어를 통한 창의적인 활동의 결과물이라고 할 수 있지요. 시간이 흐르면서 지식과 정보의 경제적 가치가 점점 높아졌고, 오늘날에는 '지식재산권'을 만들어 적극적으로 보호하기에 이르렀습니다. 이러한 지식재산권 중 하나가 바로 저작권입니다. 창작 활동의 결과로 주어지는 저작권은 저작자의 창작 의욕을 북돋아 보다 유익한 작품을 많이 창작하게 합니다. 나아가 저작권을 행사하여 개인적으로 다양한 이익을 얻게 하지요. 뿐만 아니라 문화 상품의 수출을 통해 관련 산업의 발전에도 큰 영향을 끼친답니다.

우리는 누가 가르쳐 주지 않아도 남의 물건을 훔치면 안 된다는 사실을 알고 있습니다. 아무리 배가 고파도 밥값이 없으면 식당에서 밥을 먹을 수 없다는 점도 잘 알고 있지요. 만일 남의 물건을 함부로 훔치거나 식당에서 밥을 먹고 밥값을 내지 않으면 처벌을 받습니다. 저작권도 마찬가지입니다.

저작권은 저작물을 창작한 저작자의 권리를 보호하기 위해 부여된 권리라는 점에서 공권이라기보다는 사권에 가깝습니다. 이러한 저작권에는 인격권과 재산권이 포함되어 있어서 저작자는 이를 적절히 행사할 수 있습니다. 또, 국내는 물론 국제 협약에 따라 외국의 이용자 또는 권리자와도 얼마든지 저작물 이용에 따른 계약을 진행할 수 있지요.

저작권을 행사할 때 어떤 점을 주의해야 할까요? 저작자의 경우 자기 권리를 함부로 행사해서는 안 됩니다. 즉, 저작권 오용이나 남용을 하지 말아야 합니다. 또한 이용자라면 당연히 저작권을 침해하는 일이 없도록 정당한 절차를 지켜야 하지요. 국제적으로는 한 나라의 문화 수준을 나타내는 기준이 될 수 있으므로 다른 나라의 저작권을 존중하는 일도 게을리해서는 안 됩니다.

저작물의 이용허락

저작물을 재산처럼 이용할 수 있는 권리를 저작재산권이라고 했지요? 저작재산권자는 자기 저작물을 제3자에게 양도할 수 있을 뿐만 아니라, 그 범위와 조건을 정해서 '이용허락^{이를 영어로는 라이선스라고 한다}'을 할 수도 있습니다. 저작재산권자가 자기 저작물을 스스로 이용할 수 있을 뿐만 아니라, 경우에 따라서는 다른 사람에게 이용을 허락하고 적당한 대가를 받음으로써 경제적 이익을 취할 수도 있다는 뜻이지요. 이처럼 저작물을 이용하는 대가를 가리켜 '저작권사용료', '인세', '로열티'라고 부릅니다.

정당하게 이용허락을 받았다고 하더라도 이용자가 얻게 되는 권리의 성질에 주의할 필요가 있습니다. 저작재산권자가 저작물에 대해 갖는 권리는 배타적 권리, 즉 누구를 상대로 하든지 행사할 수 있는 권리입니다.

하지만 이용허락을 받은 사람의 권리는 이용에 따르는 조건과 범위가 정해져 있는 권리입니다. 따라서 저작물 이용에 대한 배타적 권리를 가진 저작재산권자는 같거나 비슷한 이용 방법으로 여러 사람에게 이용허락을 할 수 있으며, 이용자는 이에 간섭할 수 없습니다.

출판사를 운영하는 갑돌 씨가 소설가 갑순 씨의 작품을 책으로 내기 위해 이용허락을 받았습니다. 갑돌 씨는 열심히 작업을 해서 책을 펴내 서점에 내보냈고, 이용허락을 해 준 갑순 씨에게 저작권 사

집중 탐구 **저작권사용료와 인세**

저작권을 사용하고 사용료를 지불했다면 저작권사용료라고 해야 하는데 왜 인세라고 부르는 것일까?
원래 우리나라와 일본에서는 도서의 간기면에 저자의 검인을 붙임으로써 출판 승낙과 함께 발행 부수를 확인하는 것이 관행이었다. 아울러 그렇게 붙인 '검인지'의 수로 저작권사용료를 계산하기 때문에, 다시 말하면 도장을 찍은 수대로 지불되는 돈이기 때문에 '인세印度張 印 稅徵수할 세'라고 부르게 된 것이다. 이러한 검인첩부제도는 1901년 독일 출판권법에서 출판권설정제도와 함께 검인제도를 인정한 것에서 비롯되었다고 알려져 있다. 일본이 이를 도입하여 저작권법에 규정한 것을 우리나라가 그대로 모방한 것이다. 그러나 오늘날 독일은 물론 일본의 저작권법에서도 검인첩부제도에 관한 규정은 삭제되었다. 그러므로 앞으로는 우리도 '인세'라는 말 대신 '저작권사용료', 영문으로는 '로열티'라는 말을 써야 한다.

용료를 지급했습니다. 그런데 얼마 지나지 않아 다른 출판사에서 갑순 씨의 작품이 갑돌 씨 출판사에서 낸 책과 같은 제목으로 버젓이 출판된 것을 알게 되었습니다. 책을 만드느라 엄청난 돈을 들인 갑돌 씨는 이제 어떻게 해야 할까요?

첫째, '단순 이용허락'이 있습니다. 이 경우에 이용허락을 받은 사람은 저작재산권자가 다른 사람에게 같은 이용 방법이나 조건으로 이용허락을 해도 아무런 이의를 제기할 수 없습니다. 위의 예에서 갑돌 씨가 갑순 씨에게 얻은 것이 단순 이용허락이라면, 갑돌 씨는 손해가 나더라도 어찌할 도리가 없습니다.

둘째, '독점 이용허락'이 있습니다. 이 경우 역시 특정 이용자에게만 이용허락을 하고 다른 사람에게는 이용을 허락하지 않겠다는 약속을 한 것에 불과합니다. 그러므로 저작재산권자가 다른 사람에게 독점 이용에 대한 허락을 했다면 저작재산권자에게 약속을 지키지 않은 것에 따른 계약 위반을 추궁할 수 있을 뿐, 제3의 이용자를 상대로는 어떠한 제재도 가할 수가 없습니다. 위의 예에서 갑돌 씨가 갑순 씨에게서 얻은 것이 독점 이용허락이라면, 갑돌 씨는 약속을 어기고 다른 출판사에서 책을 내서 손해를 입힌 갑순 씨에게 손해를 배상하라고 요구할 수 있습니다. 하지만 갑돌 씨가 낸 책과 똑같은 책을 내고 있는 다른 출판사에 대해서는 아무런 제재를 할 수 없으므로 얼마나 더 손해를 보게 될지 알 수 없지요.

셋째, '배타적 이용허락'이 있습니다. 이 경우에 이용자는 제3의 이용자에 대해서도 권리 침해를 주장할 수 있습니다. 저작권법에서는 이 같은

제4조(배타적 이용) ① '갑'은 본 계약의 유효기간 중 '본 저작물'의 제호 및 내용의 전부 또는 일부와 동일 또는 유사한 저작물을 별도로 출판하거나 제3자로 하여금 출판하도록 할 수 없다.

② 전항의 규정에 관계없이, '갑'과 '을'이 동의 후 '본 저작물'을 제3자에게 전재 내지 출판시키는 경우, '갑'은 그 처리를 '을'에게 위임하고, '을'은 구체적 조건에 대해 '갑'과 협의 후 결정한다.

③ '갑'은 '을'의 사전 동의 없이 '본 저작물'의 개정판 또는 증보판을 발행하거나 제3자로 하여금 발행하도록 할 수 없으며, '본 저작물'의 개정판 또는 증보판의 발행에 대해서는 '갑'과 '을'이 협의 후 결정한다.

④ '갑'은 '본 저작물'을 저작권신탁관리단체에 신탁할 수 없으며, 이미 신탁되어 있는 경우에는 이를 해지하여야 한다.

배타적 이용허락 조항 : 작가와 출판사의 경우에는 '갑'은 저작자를 뜻하고 '을'은 출판사를 뜻한다.

배타적 이용허락의 유형으로 '배타적 발행권'과 '출판권' 설정에 대해 규정하고 있습니다. 따라서 갑돌 씨가 갑순 씨에게 얻은 것이 '출판권'으로서의 배타적 이용허락이라면, 갑돌 씨는 갑순 씨에게 약속을 어긴 것에 대해, 다른 출판사에 대해서는 출판권을 침해한 것에 대해 각각 법적인 권한을 행사할 수 있습니다.

하지만 '저작물의 이용허락'이라고 하면 첫째와 둘째의 경우만을 뜻한다고 봐야 합니다. 배타적 이용허락이 이루어지면 저작재산권자가 더 이상 이용허락을 할 수 없기 때문이지요.

어쨌든 저작재산권자에게 이용허락을 얻은 이용자라고 하더라도 '허락받은 이용 방법 및 조건 범위' 안에서만 그 저작물을 사용할 수 있다는

▌계약의 유효기간 조항

점을 잊으면 안 됩니다. 여기서 '허락받은 이용 방법'이란 복사, 인쇄, 녹음, 녹화, 공연, 방송, 전송, 디지털음성송신, 전시 등과 같은 이용 형태는 물론 이용 부수, 이용 횟수, 이용 시간, 이용 장소 등을 포함한 구체적인 이용 방법까지 모두 포함합니다. '허락받은 조건'이란 저작물을 이용하는 대가로서 얼마의 금액을 언제까지 지급하기로 한다든가, 별도의 특별한 약속을 하는 것 등을 말합니다. 예를 들어, 어떤 사람이 연극 상연을 위한 목적으로 저작물 이용허락을 받았는데 연극이 아닌 책으로 저작물을 이용했다면 이는 명백한 위법이 된다는 뜻입니다. 또한 저작물을 1년 동안만 이용하기로 계약을 맺었다면 1년이 지난 뒤에는 이용할 수 없으며, 모든 권리는 다시 원래의 저작권자에게로 귀속된다는 의미이지요.

아울러 저작물 이용허락을 통해 이용에 관한 정당한 권리를 얻은 사람이라도 저작재산권자의 동의 없이 제3자에게 이를 넘겨줄 수 없다는 사실도 중요합니다. 여기서 말하는 '이용에 관한 정당한 권리'란 곧 '허락받은 이용 방법과 조건의 범위 안에서 그 저작물을 이용할 수 있는 권리'를 말하기 때문이지요. 예를 들어, 어느 때로부터 3년 동안 책으로 만들어 저작물을 이용하기로 한 이용자가 1년이 지난 뒤에 다른 출판업자에게 저작물의 이용권을 넘겨주고자 할 때에는 반드시 저작재산권자의 허락이 있어야 하며, 그렇지 않을 때에는 법을 어긴 것이 된다는 뜻입니다.

저작재산권의 양도

저작권자는 자신의 저작재산권을 다른 사람에게 '전부 또는 일부' 양도할 수 있습니다. 일반적으로 소유권인 경우에는 전부가 아닌 일부를 양도한다는 것은 생각하기 어렵습니다. 어떤 집을 소유하고 있는 사람이

집중 탐구 **배타적발행권과 출판권**

- 배타적발행권이란 예전부터 있어 왔던 발행에 더하여 복제·전송할 권리를 포괄한 것으로, 과거에는 컴퓨터프로그램 저작물에만 적용되어 온 것을 전체 저작물로 확대한 것이다.

- 출판권이란 저작물을 복제·배포할 권리를 가진 사람이 해당 저작물을 인쇄하거나, 이와 유사한 방법으로 문서 또는 도화로 발행복제·배포하는 것을 가리킨다.

- 출판권에 해당하는 복제란 '인쇄 또는 이와 유사한 방법'으로만 한정된다. 녹음, 녹화나 복제 기술의 발달에 힘입어 새로이 나타난 비종이책, 즉 오디오북 또는 전자책e-Book 등은 출판권이 아닌 배타적발행권에 해당한다.

그 집을 전세라는 방법으로 다른 사람에게 임대하고 나서 또 그 집의 소유권을 다른 사람에게 넘겨줄 수는 없는 노릇이니까요. 그러나 저작재산권은 다릅니다. 저작재산권 자체를 전부 양도하는 경우에는 소유권과 별 차이가 없지만, 일부만 양도할 수 있다는 점에서는 저작재산권만의 특성을 엿볼 수 있지요.

저작재산권의 경우에는 저작물을 이용하는 방법에 따라 그 권리 또한 분리하여 행사할 수 있는 여지가 많습니다. 저작재산권인 복제권·공연권·공중송신권·전시권·배포권·대여권·2차적저작물작성권 등이 각각 별개의 재산적 권리이므로, 이용 형태에 따라 권리를 나누어 넘길 수 있지요.

그뿐 아니라 경우에 따라서는 별개의 재산적 권리조차도 쪼갤 수 있습니다. 복제권 하나만 살펴보더라도, 저작재산권자는 인쇄라는 방법으로 저작물을 복제하려는 출판사업자, 녹음으로 저작물을 복제하려는 음반사업자, 녹화로 저작물을 복제하려는 영상사업자 등에게 복제권을 각각 별도로 양도할 수 있습니다. 어떤 방법으로 복제하느냐에 따라 같은 복제권이라도 완전히 별개로 쪼갤 수 있는 것이 바로 저작재산권입니다. 또한 저작재산권자는 하나의 저작물에 대해 종이책 형태로 출판사에 출판권을, 공중송신권이나 배타적발행권을 행사하여 또 다른 업체 혹은 개인에게 '전자책e-Book'을 만들도록 허락할 수 있습니다.

2차적저작물작성권을 통한 저작재산권의 분할도 있습니다. 어떤 장편소설의 저작자가 있다면, 그는 그것을 원작으로 하는 번역을 허락할 수 있습니다. 그와 동시에 원작을 각색하여 공연에 이용하거나 영상 제작에 이용하려는 사람들에게 각각 별도로 그 부분에 대한 권리를 넘겨줄 수 있습니다. 또한 같은 공연이라도 공연의 주체가 달라진다면 그들에게도 별도의 권리를 양도할 수 있지요.

시간적 · 공간적 제한에 따른 저작재산권의 분할 및 양도 역시 생각할 수 있습니다. 저작재산권자는 자신의 권리를 다른 사람에게 양도할 때 언제부터 언제까지, 즉 '3년' 또는 '5년'이라는 기간을 정할 수 있는데, 그런 경우에 정해진 시간이 지나면 저작재산권은 자동적으로 원래의 권리자에게 돌아옵니다. 따라서 실질적으로는 '3년' 또는 '5년' 동안 사용할 수 있는 배타적 이용허락과 같습니다. 또한 저작물을 번역하여 출판할 때 그것을 '한국 내에서만' 또는 '일본 내에서만' 하는 식으로 제한하여 양도할 수 있습니다. 그런 경우에는 지역이 바뀔 때마다 각각 별개의 권

▌ 원작 『Le Sucre』를 우리말로 번역한 설탕

▌ 중국 내에서만 사용 허락을 한 계약서

리가 작용할 수 있습니다. 다만, 그러한 지역적 제한이 국내에서도 가능한지, 즉 '경기도' 또는 '제주도' 하는 식으로까지 분할할 수 있는 것인지는 분명하지 않습니다.

저작재산권의 제한과 보호 기간

배타적 권리인 저작권을 부여하는 이유는 창작 활동에 힘쓴 노고를 보상해 줌으로써 더욱 왕성한 창작 활동을 할 수 있도록 장려하기 위함입니다. 저작자는 이러한 저작권을 재산권의 하나로 인정받아 마음대로 처리할 수 있습니다. 또한 자기 저작물을 이용하는 사람에게 대가를 받거나 받지 않고 이용하게 하거나 그 권리를 아예 넘겨줄 수 있으며, 상속하는 것도 가능합니다. 하지만 창작 활동의 성과를 많은 사람이 이용하게 해서 문화적 가치를 널리 확산하는 등 사회 전반에 걸친 공공의 이익을 확보하기 위해 보호 기간을 정해 놓고 있습니다. 또한 일정 요건만 갖추면 저작재산권자의 이용허락 없이 저작물을 이용할 수 있도록 '저작재산권의 제한장치'도 법으로 규정하고 있지요. 저작물이 아무리 뛰어난 창작성을 지녔다고 해도 저작자 혼자서 모든 것을 만들어 냈다고는 볼 수 없습니다. 오랜 세월에 걸쳐 다른 사람들이 쌓아 놓은 성과에 자신의 노력을 첨가한 것이기 때문이지요. 그러므로 모든 저작물은 사회 공공의 목적을 위해 널리 이용되어야 마땅하며, 이 같은 공익성을 위해 저작재산권의 행사 범위에 일정한 제한을 가하게 된 것입니다.

구체적으로 저작재산권이 제한되는 경우, 즉 저작재산권자의 이용허락이 없어도 저작물을 이용할 수 있는 경우는 다음과 같습니다. 이때는 출처를 반드시 밝혀야 하는 경우가 있으므로 주의해야 합니다.

집중 탐구 **저작권 침해에 따른 구제와 벌칙**

저작권은 저작권법에 따라 보호되며, 만일 저작권이 침해되었다면 저작권자는 저작권을 침해한 사람을 상대로 법적 절차를 진행할 수 있다.

- 저작권을 침해한 사람에게 저작권자가 행사할 수 있는 권리는 침해행위정지청구권, 손해배상청구권, 법정손해배상청구권, 명예회복청구권 등이 있다.

- 저작권을 침해한 사람이 받을 수 있는 벌칙은 저작인격권 및 저작재산권에 대한 권리의 침해죄, 몰수, 양벌규정, 과태료 등으로 나눌 수 있는데, 최고 5년 이하의 징역과 5천만 원 이하의 벌금형을 받는다. 또한 두 가지 모두 받을 수 있고, 3천만 원 이하의 과태료 처분을 받을 수도 있다.

▶ 재판 절차에서 복제

▶ 정치적 연설에 이용

▶ 공공 저작물에서 자유 이용

▶ 학교 교육 목적에 이용

▶ 시사 보도를 위한 이용

▶ 시사적인 기사 및 논설의 복제

▶ 공표된 저작물의 인용

▶ 영리를 목적으로 하지 아니하는 공연 · 방송

▶ 사적 이용을 위한 복제

▶ 도서관 등에서 복제

▶ 시험 문제를 위한 복제

▶ 시각 장애인을 위한 복제

▶ 청각 장애인을 위한 복제

▶ 방송 사업자의 일시적 녹음 · 녹화

▶ 미술 저작물의 전시 또는 복제

▶ 저작물 이용 과정에서 한 일시적인 복제

▶ 저작물의 공정한 이용

일반적인 저작재산권 보호 기간 원칙을 살펴보면, 자연인으로서 저작자가 누구인지 명확한 경우에는 그 저작자가 살아 있는 동안과 사망한 후 70년 동안 저작재산권이 보호됩니다. 예를 들어, 어떤 사람이 40세에 소설 한 편을 발표한 다음 70세에 세상을 떠났다면 그 소설에 대한 저작재산권 보호 기간은 그 사람이 살아 있었던 30년과 세상을 떠난 후 70년을 합쳐 모두 100년이 되는 셈이지요. 그런데 저작물의 저작자가 명확하지 않은 경우, 즉 저작자가 누구인지 알 수 없거나 언제 사망했는지 알 수 없는 경우에는 저작물 공표 시기를 바탕으로 공표 후 70년 동안 보호하게 됩니다.

또한 저작권법에서는 '저작자가 사망하거나 저작물을 창작 또는 공표한 다음 해부터 기산한다.'고 규정하고 있습니다. 이 말은 저작자가 사망하거나 저작물의 창작 또는 공표가 있었던 시기의 다음 해 1월 1일 오전 0시부터 계산하여 70년이 되는 해의 12월 31일 오후 12시가 되면 보호 기간이 끝나게 된다는 뜻입니다. 저작재산권의 보호 기간을 계산하려면 저작자가 사망하거나 저작물을 창작 또는 공표한 다음 해 1월 1일부

▌ 수많은 정치인이 자신의 연설에 인용한 미국 제16대 대통령 에이브러햄 링컨의 게티즈버그 연설문

터 따져야 하는 것이지요. '사망 후' 또는 '공표한 때부터'라고 해서 바로 그 일이 일어난 시점부터 즉시 따지는 게 아니라는 점에 유의하세요.

그렇다면 보호 기간이 끝난 저작물은 어떻게 될까요? 한 마디로 자유 이용 상태에 놓인답니다. 이용허락이 없어도 누구든지 마음대로 가져다 쓸 수 있지요. 하지만 보호 기간이 끝난 것은 저작재산권이므로 저작인 격권은 반드시 지켜 주어야 한다는 점을 잊지 말아야 합니다. 저작재산 권 보호 기간이 끝난 저작물이라 하더라도 그것을 이용할 때에는 저작자가 누구인지, 어디서 가져왔는지 밝혀 주어야 하며, 또한 저작물의 내용을 함부로 고치거나 변형을 해서는 안 됩니다.

저작권 침해와 표절은 어떻게 다를까?

요사이 신문이나 방송에서 '표절'이란 말을 자주 보거나 듣습니다. 많은 사람이 '저작권 침해'라는 말과 혼동하거나 같은 뜻으로 여기는 듯한데, 사실은 다릅니다.

표절은 한마디로 '저작물 도둑질'이라고 할 수 있습니다. 특히 글쓰기

생각해 보기

저작재산권은 엄연히 법으로 보호되는 재산적 권리인데, 왜 저작권법에서는 제한을 두어 저작재산권자의 이용허락이 없어도 저작물을 이용할 수 있는 경우를 정해 놓은 것일까?

를 하면서 남의 글을 마치 자기 글인 것처럼 꾸미는 행위가 대표적이지요. 이용허락 없이 다른 사람의 저작물을 가져다 쓰는 방법으로 '인용'이 있습니다. 이때 가장 중요한 것은 어디서 그 저작물을 가져왔는지 출처를 잘 밝히는 일입니다. 표절은 출처를 밝히지 않음으로써 저작물을 창작한 사람의 노력을 무시했다는 점에서 비난받아 마땅합니다. 표절은 주로 학술이나 예술 영역에서 활동하는 사람이 갖춰야 할 기본적인 윤리인 반면, 저작권 침해는 다른 사람이 저작물을 창작함으로써 갖게 되는 법적 권리를 무시한 행위라고 할 수 있습니다.

조금 더 쉽게 살펴볼까요.

표절이 다른 사람의 저작물을 가져다 쓰면서 그 출처를 밝히지 않는 행위라면, 저작권 침해는 다른 사람의 저작물을 가져다 쓰면서 저작자의 이용허락을 받지 않은 경우를 가리킵니다. 출처를 정확하게 밝히고 남의 저작물을 가져다 쓴다면 표절은 아닙니다. 하지만 저작권법에서 정하고 있는 정당한 이용 방법에서 벗어났다면 그 출처를 밝혔어도 저작권 침해가 될 수 있습니다. 또한 출처를 밝혔다고 해서 무조건 표절이 아니라고 하기 힘든 경우도 있지요. 자기 이름으로 세상에 내놓는 저작물_{문학 작품, 논문, 보고서, 과제물 등}에서 중요한 내용이나 전체 분량의 대부분을 남의 저작물로 채운 것이라면 출처를 밝혔더라도 표절이 될 수 있습니다. 남의 글이나 생각을 베끼거나 짜깁기해서 마치 자신의 업적인 것처럼 공표한 셈이 되니까요.

표절은 지식 재산에 대한 도둑질로 불리지만, 법적 절차에 따라 처벌하는 것은 아닙니다. 표절이 법을 위반한 범죄로 여겨지지는 않는다는 뜻

▌표절 반대 1인 시위

이지요. 하지만 표절을 한 사람은 도덕적으로 '나쁜 사람'이 되므로 범죄를 저지른 사람보다 힘든 정신적 처벌을 받게 됩니다. 한 사회나 국가의 지도자, 교육자, 전문가로 성공하려면 '나쁜 사람'이 아닌 '떳떳한 사람'이 되어야 하므로 '표절' 같은 나쁜 짓을 하면 안 된다는 사실, 절대 잊지 마세요.

- 저작권을 행사하는 방법에는 저작물의 이용허락, 저작재산권의 양도 등이 있으며, 대개 권리자와 이용자 사이에 계약이 체결됨으로써 이루어진다.
- 저작재산권은 공공의 이익을 위하여 일부 제한되며, 보호 기간 또한 저작자 사후나 저작물 공표 후 70년까지로 정해져 있다.
- 표절은 주로 학술이나 예술 영역에서 활동하는 사람이 갖춰야 할 기본적인 윤리와 관련되는 반면, 저작권 침해는 다른 사람이 저작물을 창작함으로써 갖게 되는 법적 권리를 무시한 행위로 법적 책임이 뒤따른다.

다음은 저작권과 쓰기 윤리에 대해 자신의 주장을 펼치고 있는 글이다. 글을 읽으면서 저작권 보호의 필요성과 쓰기 윤리에 대해 생각해 보자.

쓰기와 윤리는 하나다

김 기 태

제2, 제3의 해리포터가 창작되려면 저작권은 반드시 보호되어야 한다. 그래서 저작권법을 만든 것이다.

하지만 법 이전에 우리는 윤리 의식을 가져야 한다. 특히 쓰기 활동에 있어서 윤리란 '쓰기'를 하는 사람이라면 누구나 지켜야 할 규칙과 덕목을 뜻한다. 그렇다면 우리는 왜 쓰기에서 윤리를 중요하게 여겨야 하는 것일까?

첫째, 우리가 쓰기를 통해 배우고자 하는 것은 바로 진리를 추구하는 일이기 때문이다.

둘째, 정직한 쓰기 활동만이 진정한 쓰기 능력을 길러 주기 때문이다. 따라서 성실한 노력을 바탕으로 한 자발적이고 정직한 쓰기 활동이 중요하다.

셋째, 우리가 공부를 하면서 익혀야 하는 것은 다양한 학술 지식뿐만 아니라 공부하는 올바른 태도이기 때문이다.

넷째, 정직하지 못한 쓰기 행위는 공정한 평가를 왜곡할 수 있기 때문이다.

물질이 육체를 지켜 주는 영양분이라면 저작물은 우리 정신을 올바르게 일깨워 주는 마음의 양식이다. 쓰기 윤리에 입각하여 열심히 저작물을 창작한 사람들을 격려하고 존경하는 마음이 바로 저작권을 보호하는 행위로 나타난 것임을 잊지 말아야 한다. 지금 이 순간에도 미래의 위대한 예술가 또는 학자가 되기 위해 열심히 공부하는 친구들에게 저작권은 든든한 보험인 셈이다.

* 출처 : 지학사 중학교 국어④, 249~250쪽

3

CHAPTER

저작권의 발전 과정

필사본 시대에서 인쇄·출판업자가 중시된 초기 인쇄 사회로, 국왕이나 영주의 비호 아래 특권을 인정받았던 출판 특허 시대, 저작권자의 권리에 초점을 맞추는 정신적 소유권설 시대를 거쳐 오늘날의 저작권 제도가 자리 잡았습니다.

오늘날 정보의 상품화에 있어 당연한 권리처럼 여겨지는 저작권은 사실상 자본주의 이념의 생성과 밀접한 관련이 있습니다. 공동체 생활과 자급자족이라는 전통 가치관이 사라지고, 경제력을 바탕으로 한 무한 경쟁 시대가 시작되면서 탄생한 개념이기 때문이지요. 또한 그 배경에는 대량 복제 시대를 연 인쇄술의 발명이 자리 잡고 있습니다. 인쇄술의 발달에 따라 복제물의 대량 배포가 가능해지면서 저작권이란 권리가 생겨났으니까요. 이런 까닭에 구텐베르크의 인쇄술 발명을 저작권이 싹튼 계기로 보기도 합니다.

문자와 기록 매체가 있었다고 해서 바로 저작권이 생긴 게 아닙니다. 고대에는 저작물을 소유권이나 재산권으로 여기기보다는 남의 저작물을 베끼는 행위를 나쁘게 보아 도덕적으로 비난하는 정도였지요. 다른 사람의 저작물을 이용하는 것도 직접 혹은 사람을 사서 **필사**^{손으로 베낌}하는 것이 고작이어서 저작물을 만든 사람조차도 자기 저작물이 재산이라는 생각은 할 수가 없었답니다. 그런 까닭에 저작자의 권리는 귀족이나 왕족 같은 특정 지위에 있는 후원자가 베풀어 주는 보상으로 충족되는 것이 고작이었습니다. 그렇다면 어떤 과정을 거쳐 오늘날과 같은 저작권 개념이 동양과 서양에 두루 자리 잡게 되었을까요?

필사본 시대에서 인쇄술 시대로

유럽은 인쇄술이 발명되면서 필사본^{사람이 손으로 직접 써서 만든 책} 시대를 벗어나 인쇄업자와 출판업자의 이익이 중요해진 초기 인쇄 사회를 거치게 됩니다. 출판업자들이 국왕이나 영주에게 특권을 인정받았던 출판 특허 시대를 맞이하게 되는 것이지요. 그때부터 저작권 보호 의식이 싹트기 시작합니다. 필사본 시대에는 손이 많이 가는 필사 노동 자체가 원저작자의 정신적 창작에 대한 노고를 무시한 채 이루어졌습니다. 또한 필사의 대상이 된 것이 대부분 고전이나 성서였으므로 저작자의 권리 보호가 문

▌필사한 책

▌인쇄물을 확인하는 구텐베르크(오른쪽)

제되는 일은 없었을 겁니다. 하지만 인쇄술의 발전은 수작업을 기계 작업으로 전환시켜 대량 복제를 가능하게 했고, 이때부터 저작권이라는 개념이 생겨나게 됩니다.

인쇄술의 발명은 르네상스 개화기와 일치합니다. 그 당시 높아진 고대에 대한 관심은 고전 출판을 촉진시켰는데, 이것이 유럽 전역에 퍼진 인쇄 기술과 결합하게 되지요. 출판물을 많이 만들다 보니 인쇄·출판업자의 위험 부담도 그만큼 높아지게 됩니다. '어떻게 하면 위험 부담을 줄이고, 고전 원본을 발견하고 정리하는 대가를 지불할 수 있을까?' 사람들은 이런 문제를 고민하게 됩니다. 그 결과 인쇄출판업자의 이익을 보호하기 위해 국왕이나 영주가 인쇄·출판의 특권을 보장하는 출판 특허

제도가 탄생하지요.

출판 특허를 빌미로 국왕 또는 영주는 출판 예정인 책을 검열했습니다. 대량으로 복제되는 책의 영향력을 알게 된 국왕이나 영주들이 행여나 자기들을 헐뜯는 내용이 책 속에 들어갈까 봐 걱정했던 것입니다. 이러한 출판 특허와 검열 제도를 연계하는 방식은 유럽 여러 나라에서 나타났습니다.

1789년 프랑스 혁명이 일어난 후 국왕의 권위가 사라진 뒤에는 저작자의 권리만이 온전히 남게 되었지요. 영국도 이와 비슷한 양상을 보였는데, 서적상조합이 국회에 낸 청원을 계기로 1709년 '앤여왕법'이라는 열매를 맺게 됩니다. 이 법은 세계 최초로 제정된 저작권법으로 알려져

▌프랑스 혁명

있습니다. 저작자의 권리가 법률로써 보호를 받게 된 것이지요.

국제 협약의 등장

영국에서 저작자의 권리 보호를 내세운 저작권법이 제정되었지만 유럽 각국으로 빠르게 확산된 것은 아니었습니다. 스위스는 1883년에야 문학적 또는 미술적 지식재산권에 관한 연방법을 제정하였고 헝가리는 1884년이 되어서야 저작권법을 제정하였습니다. 저작권법 역시 나라마다 각양각색이었습니다. 이는 외국 저작자에 대한 보호 측면에서 잘 드러납니다. 프랑스는 1852년 법률에서 외국인 저작자에게 프랑스 국외에서 **발행**한 저작물에 대해서도 자국 저작물과 동일한 보호를 받도록 했습니다. 하지만 에스파냐, 그리스, 노르웨이, 포르투갈은 원칙적으로 외국 국적의 저작물은 그 저작물을 자국 영토 내에서 발행하더라도 보호 대상에 포함시키지 않았습니다.

자기 나라 저작자가 외국에서 저작물을 발행했을 때에도 제멋대로 법을 적용했지요. 독일과 스웨덴에서는 자국 저작자가 그 저작물을 외국에서 발행하더라도 보호한 반면에 오스트리아, 영국, 이탈리아, 네덜란드는 자기 나라 국민이 다른 나라에서 저작물을 발행하면 저작권을 보호해 주지 않았습니다. 이 외에도 나라마다 다른 절차로 저작물을 보호했답니다.

이처럼 저작권은 많은 나라에서 불안정하게 보호를 받았고 규정 또한 다양한 방식으로 적용되었기 때문에, 일반적인 국제 협약을 체결하자는 움직임이 생겨났습니다. 특정 국가끼리 조약을 체결한 사례도 있었지만, 그 효력이 당사국 사이에만 미쳤기 때문에 국제 협약이 요구되었던 것이

■ 빅토르 위고

지요.

　일반적인 국제 협약을 체결하여 저작자를 보호하자는 운동을 전개한 단체는 '국제문예동맹'이었습니다. 1878년 만국박람회 중 결성된 이 동맹의 명예 회장이 바로 당대 최고 문호였던 빅토르 위고입니다. 국제문예동맹은 일반적 조약 체결을 위한 회의 장소로 여러 국제기구의 사무국이 자리 잡은 스위스의 수도 베른을 지정했어요. 그 결과 스위스 정부는 1884년 독일, 프랑스, 영국 등이 모이는 각국 외교 회의를 소집하였습니다. 1885년 제2회 베른회의를 거쳐 1886년 베른협약이 10개국이 모인 가운데 조인되고, 1887년 12월에 발효되지요. 베른협약은 모든 국가를 대상으로 개방되어 체결국 모든 국민에게 자기 나라 국민 대우를 합니다. 또한 국제 관계에서 항상 문제로 인식되었던 번역권은 저작권에 귀속됨을 명확하게 밝히는 등 매우 진보적인 내용을 담고 있습니다.

서양에서 동양으로 유입된 저작권

동양에서는 최초로 일본이 1899년 7월 15일 베른협약에 가입하고, 그해 저작권법을 제정하여 1970년 말까지 시행하였습니다. 이 저작권법은 베른협약을 기초로 해서 만들었기 때문에, 당시 선진국의 저작권법과 비교해 보아도 뒤질 것이 없습니다. 하지만 보호하는 저작물이 문서, 그림,

인물 탐구 **빅토르 위고**[1802~1885]

1802년 2월 26일 브장송에서 출생하였다. 아버지는 1817년 아카데미 프랑세즈의 콩쿠르, 1819년 투르즈의 아카데미 콩쿠르에서 시로 입상하였다. 1830년 7월혁명이 일어날 무렵부터 위고는 인도주의와 자유주의에 심취하였다. 이 시기에 불후의 명작으로 꼽히는 『노트르담 드 파리』를 썼다. 1848년 2월혁명 이후에는 공화주의로 기울어, 1851년에 루이 나폴레옹[나폴레옹 3세]이 쿠데타로 제정[황제가 다스리는 군주 제도 정치]을 수립하려고 하자 이를 반대, 결국 망명길에 올랐다. 벨기에를 거쳐 영국 해협의 저지 섬과 간디 섬에서 19년 동안 생활하였다. 이 시기에 장편 소설 『레 미제라블』, 『바다의 노동자』, 『웃는 사나이』 등을 발표하였다. 1885년 그가 세상을 떠나자 국민적인 대시인으로 추앙되어 국장으로 장례가 치러지고 판테온에 묻혔다.

사진 등에 그쳤고, 외국인의 저작물은 보호하지 않았습니다. 또한, 일본의 저작권법은 스스로 선진화된 저작권 제도를 만든 것이 아니라, 외세의 개입에 대처하는 과정에서 시행하게 된 결과라는 한계가 있습니다.

카피라이트^{copyright}라는 영어 단어가 어떻게 '저작권'이라는 말로 번역되었을까요? 일본 역사에서 저작권 보호를 맨 처음 주장한 사람은 '후쿠자와 유키치'입니다. 그는 당시 미국으로 건너가 서양 문물과 제도를 접한 뒤에 인간의 노동은 존중받아야만 한다는 것을 깨달았지요.

후쿠자와 유키치는 1868년에 펴낸 책에서 서양의 카피라이트를 동양

▌ 후쿠자와 유키치

최초로 '장판면허'라고 번역하고, 장판면허란 '저술가가 홀로 그 책을 판목으로 제작하여 전매 이익을 얻는 것'이라고 설명합니다. 그런데 유키치는 1873년에 이르러 이 말을 '출판권' 혹은 줄여서 '판권'이라고 번역하는 것이 낫겠다고 생각합니다. 그 결과 1875년 일본 출판 조례에는 번역자의 권리를 '판권'이라고 한다는 점이 분명하게 규정되어 있습니다. 그 뒤 판권이라는 말이 널리 퍼져, 이 말을 법률 용어로 사용하지 않게 된 이후에도 많은 일본인이 판권이란 단어를 사용했답니다.

한편, '저작권'이란 용어를 맨 처음 사용한 사람은 확실하지가 않습니

인물 탐구 후쿠자와 유키치[1835~1901]

1858년에 도쿄에 네덜란드 어학교인 난학숙을 열고, 1860년 이후 바쿠후 견외 사절로 3회에 걸쳐 해외를 여행하며 새로운 문물을 접하였다. 1868년 학숙을 이전하면서 게이오기주쿠로 개칭하는데, 이것이 오늘날 게이오기주쿠대학의 기원이 되었다. 메이지 유신 후 신정부의 초빙을 사양하고 교육과 언론 활동에만 전념하였다. 1873년 메이로쿠사를 창설한 뒤로는 동인으로 활약하면서 실학을 장려하였으며, 부국강병을 주장하여 자본주의 발달의 사상적 근거를 마련하였다. 1882년 『시사신보』를 창간하였고, 만년에는 여성의 지위 향상에 크게 공헌하였다. 지은 책으로는 『서양 사정』, 『학문의 권유』, 『문명론의 개략』 등 후쿠자 3부작을 비롯하여 『복옹자전』, 『신여대학』 등이 있다.

다. 다만, 여러 가지 정황을 토대로 살펴볼 때 저작권이란 용어는 어느 특정인이 창안한 것이 아니라 관계자들이 회의하는 과정에서 누군가가 제안한 것이 자연스럽게 쓰인 결과라고 추정됩니다. 나아가 1887년에 제정된 판권조례, 1893년에 제정된 판권법 등과 함께 쓰였을 가능성이 높습니다. 1903년 10월 일본과 청나라 사이에 조인된 '추가통상항해조약'에서 일본어의 '판권'이 중국어로는 '인서지권'으로 번역됩니다. 이때는 '저작권'이라기보다는 '출판권'을 뜻했던 것으로 보입니다.

우리나라의 저작권과 저작권법

우리나라는 서양보다 200년이나 앞서 세계 최초로 금속활자를 개발했습니다. 하지만 동양권 국가가 대개 그랬던 것처럼 인쇄 또는 출판을 국가 기관에서 직접 맡았기 때문에 저작물에 대한 권리 의식이 발생할 여지가 없었지요. 조선 말기인 1883년에 박문국이 설립되어 인쇄를 전담하다가, 1884년 일어난 갑신정변으로 박문국이 폐지되자 개인도 출판을 할 수 있게 되었고 인쇄 역시 활성화됩니다. 하지만 이 시기에도 저작권 의식은 일어나지 못했습니다. 20세기에 들어와서 일본인의 강압에 어쩔 수 없이 일본 저작권법을 그대로 쓰게 되었지요. 1945년 광복 이후에도 일본 저작권법을 계속 쓰다가 1957년에 와서야 우리 고유의 저작권법을 제정·시행하게 되었습니다.

1957년에 제정된 저작권법은 1960년대와 1970년대를 거치면서 국내외적 현실에 대처하기에 미흡했습니다. 그동안 급격히 발달한 과학 기술에 힘입어 저작물의 종류와 이용 형태가 많이 변했기 때문입니다. 그 뒤로 10년 이상 개정 작업을 거쳐 1986년 12월 저작권법 개정 법률안이 국회를 통과하고 1987년 7월 1일 새 저작권법이 시행됩니다.

1985년 10월에 열린 한미통상협상에서 미국은 한국이 미국인의 지식재산권 보호를 철저하게 해 줄 것을 강력하게 요구합니다. 이에 따라 세계저작권협약UCC에 가입하게 되지요. 1987년 10월 1일부터 UCC의 효력이 국내에 미치기 시작하고, 국내 지식산업계는 새로운 국면을 맞게 됩니다.

그 뒤로 변화의 물결이 거세졌고 여러 차례 법령을 재정비하게 됩니다. 그중에서도 우루과이라운드UR의 타결이 가장 큰 영향을 미쳤지요.

The Universal Copyright Convention (1988)

Coalition for Networked Information

▌ 1988년에 발간한 세계저작권협약집

이렇게 국제적인 저작권 환경이 급변함에 따라 첨단 저작물에 대한 권리 침해 문제가 계속 제기되었습니다. 이에 따라 국내법도 개정되지요. 또한 우루과이라운드의 타결로 결성된 세계무역기구WTO 체제 내의 지식재산권에 관한 협정TRIPs이 국내에서 1996년 1월 1일을 기해 발효됩니다. 이에 따라 외국 저작물의 소급 보호를 주요 내용으로 하는 법률 개정이 또다시 이루어지지요. 아울러 인터넷의 보편화 등 신기술을 반영한 새로운 저작권법 개정안이 지속적으로 국회를 통과합니다. 2009년 7월 31일에는 컴퓨터프로그램보호법과 통합 등을 통해 일부 개정된 저작권법이 발효됨으로써 새로운 저작권 환경을 구축하게 됩니다.

저작권 환경의 변화는 여전히 진행 중입니다. 특히 2011년에는 6월에 이어 12월에 연달아 개정 저작권법이 발효되는데, 이는 유럽연합EU 및 미국과의 자유무역협정FTA이 연달아 비준됨에 따른 불가피한 조치였습니다.

〈참고〉 저작권 관련 국제기구

1. 세계지식재산권기구

세계지식재산권기구WIPO는 지식재산권의 보호에 있어 가장 큰 역할을 하고 있는 국제기구다. 세계지식재산권기구는 1970년부터 업무를 시작하였으며, 1974년 국제연합UN 경제사회이사회 산하 전문 기구 중 하나가 되었다. 지식재산권에 관한 국제 협약 중 산업재산권 관련 파리협약, 저작권 관련 베른협약, 저작인접권 관련 로마협약, 음반제작자를 보호하기 위한 제네바협약 등을 관장하고 있다.

▎세계지식재산권기구 엠블럼

이 기구의 목적은 국가는 물론, 다른 국제기구와 연대하여 공동으로 전세계 지식재산권의 보호를 촉진하는 데 있다. 세계지식재산권기구는 개별 국가의 저작권법을 통일하기 위해 저작권에 관한 국제모델법 제정, 개발도상국에 대한 개발 협력 활동, 산업재산권에 관한 정보 수집과 공표, 위조 상품 방지 노력, 각종 지식재산권 관련 조약의 제정과 개정 노력 등을 하였다.

2. 세계무역기구

세계무역기구WTO는 관세 및 그 밖의 무역 장벽을 철폐하고 나라끼리 무역을 할 때 차별 대우를 폐지하기 위해 설립되었다. 지식재산권을 위

| WTO 본부

반한 회원국에 대해 구속력 있고 집행 가능한 결정이 이루어질 수 있다는 것이 특징이다. 1995년 출범 이래 많은 사건을 다루었고, 국제적으로 지식재산권 보호 규범을 이행하도록 하는데 큰 영향력을 행사한다. 세계무역기구는 설립과 함께 세계지식재산권기구와 업무 협력 협정을 체결하여 두 기관 사이의 협력과 발전을 추구하고 있다.

3. 국제연합교육과학문화기구

국제연합교육과학문화기구UNESCO는 세계대전을 2차례나 겪은 인류가 평화를 유지하기 위해서는 인류의 지적 유산과 세계 유산을 자유롭게 공유해야 한다는 취지로 설립되었다. 1946년에 출범한 이 기구의 지식재

| 국제연합교육과학문화기구(유네스코) 엠블럼

산권 관련 활동은 주로 저작권에 집중되어 있다. 세계 유산인 도서, 예술 작품, 역사, 과학 기념물 등을 보호하고 관련 국가에 대해 필요한 국제조약을 권고하는 방법 등을 통해 지식을 유지 · 증진 · 보급하는 것이다. 유네스코는 단순히 저작자의 권리 보호에 한정되지 않고 이용자와 저작자의 권리를 서로 보완하려고 노력한다. 1952년 제정되어 1955년부터 발효된 세계저작권협약[UCC]을 주관하고 있다.

집중 탐구 베른협약

베른협약은 1886년에 스위스 베른에서 성립된 이래 모두 일곱 차례 개정되었다. 우리나라는 1996년에 가입하였다. 베른협약은 크게 4가지 특징이 있다.

첫째, 저작권은 저작물이 완성되면 자동적으로 보호를 받으며, 등록이나 납본 같은 절차가 필요 없다는 '무방식주의 원칙'을 취하고 있다.

둘째, 어느 체약국_{서로 조약을 맺은 나라} 국민의 저작물 또는 어느 체약국에서 최초로 발행된 저작물은 모든 체약국에서 그 국가의 국민과 같은 보호를 받는다는 '내국민대우' 원칙을 취하고 있다.

셋째, 체약국 저작물에 대한 저작권을 '소급하여 인정해 주는 소급주의 원칙'과 외국 저작물의 번역과 복제에 대한 개발도상국의 특혜를 인정하는 조항을 두고 있다.

넷째, 저작권의 보호 기간은 최소한 저작자가 죽은 후 50년 이상으로 해야 한다는 등 최소한의 보호 기준을 규정하고 있다.

베른협약은 오늘날 국제적인 저작권 보호에 있어서 표준으로 여겨지고 있다. 아울러 최근에는 국가별로 자유무역협정을 체결하면서 저작권법 등 지식재산권 관련 법률이 개정되는 추세이며, 이는 곧 국제 교역 무대에서 저작권의 중요성이 날로 커지고 있음을 잘 나타낸다.

〈참고〉 우리나라가 가입한 저작권 관련 국제조약

1 세계저작권협약 : 1987년 10월 1일 발효

2 음반협약 : 1987년 10월 10일 발효

3 세계무역기구 지식재산권협정 : 1995년 1월 1일 발효

4 베른협약 : 1996년 9월 21일 발효

5 세계지식재산권기구 저작권조약 : 2004년 6월 24일 발효

6 로마협약 : 2009년 3월 18일 발효

7 세계지식재산권기구 실연·음반조약 : 2009년 3월 18일 발효

생각해 보기

　오늘날 문화 및 관련 산업을 향상 발전시키기 위해 주어지는 저작권이 개발도상국보다 선진국에서 강조되는 이유가 무엇인지 생각해 보자.

- 저작권은 유럽에서 생겨났다. 필사본 시대에서 인쇄업자 및 출판업자의 이익이 중시된 초기 인쇄 사회로, 서적 발행 및 출판에 대해 국왕이나 영주의 비호 아래 특권을 인정받았던 출판 특허 시대, 저작자의 권리에 초점을 맞추는 정신적 소유권설 시대를 거쳐 오늘날처럼 보편적인 저작권 제도가 정착된 시대로 발전해 왔다.

- 동양에서는 일본이 최초로 1899년 7월 15일 베른협약 파리개정 규정에 가입하고 그해 저작권법을 제정하여 1970년 말까지 이를 시행하였다.

- 우리나라에서는 일제강점기를 거치는 바람에 일본 저작권법을 계속 사용하다가 1957년에 와서야 우리 고유의 저작권법을 제정할 수 있었다. 이후 여러 차례 개정을 거쳐 오늘날의 저작권법을 갖게 되었다.

- 저작권 관련 국제 협약으로는 세계지식재산권기구가 주관하는 베른협약, 유네스코가 주관하는 세계저작권협약, 세계무역기구가 주관하는 지식재산권협정 등이 있다.

4

CHAPTER

카피레프트 운동

카피레프트 운동은 리처드 스톨만이 컴퓨터 소프트웨어의 상업화에 반대하면서 시작되었습니다. 이상주의적인 스톨만의 입장에 대해 실용주의적 비판이 이루어지기 시작했고, 이에 대한 대안으로 오픈소스운동이 떠올랐습니다.

저작권은 영어로 '카피라이트^{Copyright}'입니다. 이 카피라이트에 반대한다는 뜻을 담고 있는 단어가 '카피레프트^{Copyleft}'이지요. 카피레프트는 지적 창작물이 인류 공동의 유산이기 때문에 모두가 자유롭게 사용해야 한다는 의미를 담고 있습니다.

인류의 기나긴 역사에 비추어 볼 때 저작권이란 개념이 생긴 것은 비교적 최근 일입니다. 인류 역사를 뒤바꾼 위대한 지식들은 저작권이 없는 경우가 대부분이지요. 그럼에도 최근 들어 저작권 침해를 둘러싼 논란이 자주 일어납니다. 카피레프트, 과연 잘못된 인식일까요, 아니면 또 다른 의미를 가진 새로운 현상일까요?

카피라이트와 카피레프트

카피레프트는 1984년 미국의 리처드 스톨만이 컴퓨터 소프트웨어의 상업화에 반대하면서 시작된 운동입니다. 당시 스톨만은 소프트웨어 저작권을 허용하면 독점화가 진행될 수밖에 없고, 그렇게 되면 정보 격차가 점점 더 벌어지게 된다고 주장했습니다. 스톨만은 이에 따라 빈부 격차가

■ 세계 지적 재산권의 날

더욱 심해질 것이라고 생각했지요.

　일반 소비 제품과는 다르게 소프트웨어는 복제할 때 별도로 비용이 많이 들지 않는다는 점도 카피레프트 운동가들의 주장을 뒷받침합니다.

　하지만 카피레프트에 반대하는 주장도 만만치 않습니다. 반대 측의 가장 큰 근거는 동기 부여입니다. 만일 저작권으로 창작자의 권리를 보장하지 않는다면 아무도 더 나은 창작물을 만들기 위해 애쓰지 않을 것이라는 주장이지요. 실제로 불법 복제를 근절하는 일은 우리나라가 IT 선진국이 되기 위해 급하게 해결해야 할 과제이기도 합니다. 그렇다고 글로벌 소프트웨어 업체와 장차 글로벌 기업으로 성장할 국내 소프트웨어 업체가 카피레프트 운동가들이 외치는 목소리를 모두 외면해서는 안

▌ 컴퓨터 소프트웨어

됩니다. 현재 정품 소프트웨어는 사용자 대부분이 자기 돈으로 사기에 벅찰 정도로 비싸게 팔리고 있습니다. 카피레프트 운동가의 주장처럼 꼭 필요한 기능만 들어간 저렴한 제품을 다양하게 출시함으로써 정품 소프트웨어 구입을 유도해야 합니다. 또한 정보 소외 계층에게도 다양한 소프트웨어를 활용할 수 있는 기회를 주어야만 합니다. 그래야만 진정한 의미의 IT 선진국이 될 수 있을 테니까요.

카피레프트의 등장 배경

소프트웨어의 공유 의식 형성에 앞장선 주역은 바로 해커입니다. 1960년~1970년대에 걸쳐 미국 대학에서는 분방한 발상을 매력으로 여

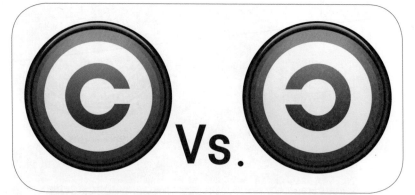

| 카피라이트 Vs. 카피레프트

인물 탐구 **리처드 스톨만**¹⁹⁵³~

1953년 3월 16일 미국 맨해튼에서 태어났다. 스톨만은 고등학교 저학년 시절에 처음으로 퍼스널 컴퓨터를 접했다. 스톨만은 IBM 뉴욕과학센터에서 일하면서 첫 번째 프로그램인 IBM 7064를 위한 전처리기를 PL/I 프로그래밍 언어로 작성했다. 이후 자유소프트웨어 운동의 중심인물로서 GNU프로젝트와 자유소프트웨어재단을 설립하였다. 그는 이 운동을 지원하기 위해 카피레프트라는 개념을 만들었으며, 현재 널리 쓰이고 있는 일반공중사용허가서 소프트웨어 라이선스 개념을 도입했다. 스톨만은 탁월한 프로그래머로서 문서 편집기 등 많은 프로그램을 만들었으며, 자유소프트웨어운동의 도덕적, 정치적, 법적인 기초를 세우는 데 막대한 영향을 끼쳤다.

기는 수많은 해커가 생겨납니다. MIT대학 인공지능연구소는 해커의 본산지로서 '정보의 완전한 개방과 공유'라는 문화를 만들어 냈고, 이는 불문율이 되었지요. 그들의 윤리 강령은 '컴퓨터에 대한 접근은 누구에 의해서도 방해받아서는 안 되며 완전한 자유를 보장받아야 한다.'는 것이었습니다.

이 시기에 활동한 대표적인 해커 중 한 사람이 바로 리처드 스톨만입니다. 스톨만은 고용 저작물 규정 때문에 소프트웨어에 대한 저작권이 대학에도 미치는 것을 못마땅해 했습니다. 저작권이 특정 기관에 귀속되면 누구나 자유롭게 소프트웨어를 이용할 수 없고, 그 소프트웨어를 이용한 새로운 개발을 할 수 없기 때문이지요.

▌해커

스톨만은 고민을 거듭한 끝에 1984년 1월 MIT대학 연구원직을 사임하고 소프트웨어 본래의 생산과 유통 방식인 공유 정신으로 되돌아가자는 '자유소프트웨어 운동'을 제창합니다. 스톨만은 기존 운영 체제인 유닉스와 호환되는 GNU 소프트웨어를 만들기 시작하지요. GNU라는 이름은 'GNU is Not Unix^{GNU는 유닉스가 아니다.}'라는 의미가 되도록 처음부터 의도적으로 조합해서 만든 것입니다. 이어 스톨만은 1985년 유명한 'GNU 선언문'을 발표하고, 자유소프트웨어 개발을 위해 면세 혜택을 주는 '자유소프트웨어재단'을 설립합니다. 이 재단은 사용자의 기금을 받아 자유소프트웨어의 개발을 지원하고 그 성과물인 프로그램을 배포할 목적으로 만들어졌습니다.

▌리처드 스톨만

컴퓨터에 대한 집요한 관심과 전문적 기술 및 해박한 지식을 갖추고 시스템을 자유자재로 조작하는 사람을 말한다. 1960년대 미국 MIT대학에서 처음 등장했다. 이들은 작업 과정 자체에서 느낄 수 있는 순수한 즐거움 이외에 어떠한 건설적인 목표도 갖지 않는 프로젝트나, 그에 따른 결과물을 '해크'라는 은어로 불렀으며, 구성원 중 뛰어난 사람을 '해커'라고 칭했다. 자부심이 담겨 있는 이 칭호는 남들의 부러움을 살 만한 것이었다. 사적인 목적으로 안전 장치를 부수고 남의 컴퓨터에 침입해 정보를 훔치는 파괴자는 해커와 구별해서 '크래커'라고 부른다.

GNU 프로젝트는 운영 체제의 개발에만 국한되는 것이 아니라 모든 부문에 자유소프트웨어를 제공하는 것을 목표로 합니다. 자유소프트웨어란 누구나 이용 · 복제 · 배포를 할 수 있고, 소스코드에 대한 접근을 통해 수정과 재배포가 자유로운 소프트웨어를 말합니다.

이러한 관점에서 자유소프트웨어인 GNU 소프트웨어의 법적인 성격이 자유로운 수정과 배포 과정을 거치면서 '사적 재산으로 보호되는 소프트웨어'로 변질되는 것을 막을 수 있는 법적 기준이 필요하게 됩니다. 그래서 자유소프트웨어재단은 1989년 'GNU 일반 공개 라이선스GPL, GNU General Public License'를 발표해, 모든 사용자에게 이러한 자유를 실질적으로 보장할 수 있는 법적 기준으로 삼았습니다.

결국 GPL은 저작권을 전제로 하고 있지만 저작권의 본래 취지를 반대로 이용해서 소프트웨어를 사적인 재산권의 대상으로 삼는 대신에 자유롭게 이용·복제·배포·수정할 수 있는 수단으로 삼은 것이지요. 즉, 일반적으로 프로그램 개발자들이 저작권을 이용해서 재산적 권리를 취득하는 것과 마찬가지로 자유소프트웨어 개발자들은 저작권을 이용해서 프로그램의 공유화를 가능하게 한 것입니다. 그래서 '저작권^{copyright}'을 기반으로 하면서도 이를 역이용, 프로그램의 공유를 보장하려는 움직임을 가리켜 '카피레프트^{copyleft}'라고 부르게 된 것이지요. 따라서 카피레프트의 조건에 따라 배포된 프로그램에 어떠한 수정이 이루어지거나 다른 프로그램이 결합되더라도 결과물로서의 소프트웨어에는 카피레프트가 적용됩니다. 그럼에도 많은 사람들이 저작권을 기반으로 한 저작권 공유 운동인 카피레프트를 단순한 저작권 반대 운동 차원으로 이해함으로써 본래 의미를 왜곡하고 있는 것이지요.

카피레프트 운동의 발전 과정

1960년대에는 컴퓨터 소프트웨어와 하드웨어가 밀접하게 결합되어 있었기 때문에 어떤 특정 기종을 위해 만들어진 소프트웨어는 다른 기종에서 작동하지 않았습니다. 그러나 IBM이 반독점법 패소에 대응하기 위해 소프트웨어를 하드웨어와 분리하면서 소프트웨어 자체가 중요한 산업이 되었지요. 또한 이때부터 기업들끼리 경쟁이 심해지면서 소프트웨어의 소스코드는 기업의 비밀이 되었답니다.

한편 다른 한쪽에서는 소스코드를 공개하자는 새로운 흐름이 형성되

www.trendycrunch.com

KENNETH THOMPSON
Američan, 1943

Plan 9 ed regex UTF-8
UNIX Google
C Go

█ 켄 톰슨

고 있었습니다. 1969년 AT&T의 벨연구소에서 근무하던 켄 톰슨은 개인
적인 연구를 수행하기 위해 유닉스라는 운영 체제를 만듭니다. 이 운영
체제는 C라는 새로운 고급언어로 작성되었는데, 이는 하드웨어에 종속
되지 않는 특징을 지니고 있습니다. 이로 인해 벨연구소가 아닌 곳에서
도 유닉스를 사용할 수 있게 되었지요. 이렇게 개발된 유닉스의 소스코
드는 주로 연구 기관을 중심으로 배포되었습니다.

1980년대 들어 유닉스는 전 세계에 있는 대학이나 연구 기관으로 퍼
져 나갑니다. 한편 이러한 경향을 알아챈 기업들은 유닉스가 시장성이
있음을 간파하고 유닉스 기종을 만들기 시작했지요. 이때부터 유닉스는
상업화의 길을 걷기 시작합니다. 1984년 컴퓨터 업계로 진출한 AT&T는

무료로 소스코드를 공개하던 방식에서, 가격을 올리는 것은 물론이고 소스코드를 더 이상 개방하지 않는 쪽으로 사업 방향을 전환합니다. 이렇게 유닉스 분야에 상업화 바람이 불면서 유닉스는 점차 폐쇄적으로 바뀌어 호환성을 갖지 못하는 상태까지 이렀습니다.

이에 대한 반발로 생겨난 것이 바로 자유소프트웨어운동입니다. 폐쇄적이 되어 가는 상업용 유닉스의 흐름과는 별개로 자유소프트웨어를 개발하기 시작한 것이지요. 1983년경에 시작된 GNU프로젝트는 리처드 스톨만이 주도했습니다. 이 프로젝트의 목표는 기술적으로 완벽한 유닉스 호환 소프트웨어 체계를 개발하는 것이었습니다. GNU는 기술적으로는 유닉스와 같지만 사용자들에게 이용할 수 있는 자유를 준다는 점에서 유닉스와는 본질적으로 다릅니다.

스톨만은 '사적 독점 소프트웨어 사회 체제'에 맞서 소프트웨어를 공유하고 협력하는 공동체를 꿈꾸었습니다. 사적 독점 소프트웨어를 완전히 극복하는 것이 궁극적인 목표였지요. 스톨만은 이 프로젝트를 수행하기 위해 1985년 자유소프트웨어재단을 설립합니다.

▎ 자유소프트웨어재단 엠블럼

▌파리 오픈소스 회담

자유소프트웨어에서 자유란 다음 네 가지 조건을 말합니다.

1. 어떠한 목적을 위해서도 프로그램을 실행할 수 있는 자유[자유 0].

2. 프로그램의 작동 원리를 연구하고 이를 자신의 필요에 맞게 변경시킬 수 있는 자유[자유 1]. 이러한 자유를 위해서는 소스코드에 대한 접근이 먼저 이루어져야 한다.

3. 이웃을 돕기 위해서 프로그램을 복제하고 배포할 수 있는 자유[자유 2].

4. 프로그램을 향상시키고 이를 공동체 전체의 이익을 위해서 다시 환원시킬 수 있는 자유[자유 3]. 이러한 자유를 위해서는 소스코드에 대한 접근이 선행되어야 한다.

이러한 자유소프트웨어의 특징을 강조하기 위해 사용하는 용어가 '카피레프트'입니다. 어떤 프로그램을 카피레프트하려면 우선 프로그램에 대한 저작권을 전제로 특정한 배포 조건을 추가하게 됩니다. 아래의 두 가지 조건이 대표적이지요.

첫째, 모든 사람에게 프로그램 코드를 사용·수정·배포할 권리를 준다.
둘째, 원래 조건과 동일한 조건으로 해당 프로그램이나 2차적 프로그램을 재배포할 수 있는 권리를 부여한다.

일단 특정 소프트웨어에 카피레프트 라이선스를 부여하면 이후에 나온 모든 소프트웨어가 카피레프트 라이선스에 구속됩니다. 이를 '바이러스 효과'라고 하지요. 이를 실현하기 위해 스톨만과 자유소프트웨어재단은 오픈소스 소프트웨어 라이선스를 개발합니다. 1980년대 말까지는 유닉스 같은 운영 체계를 개발하기 위한 자유소프트웨어재단의 시도가 어려워 보였습니다. 하지만 이는 GNU가 독립된 운영 체제로 완성되기 위해서 반드시 필요한 것이었지요. 이 문제는 리눅스라는 프로그램이 개발됨으로써 해결되었습니다. 리누스 토발즈가 유닉스를 개조하던 끝에 만든 것이지요. 토발즈는 GNU프로젝트에서 개발한 프로그램에 의존하여 리눅스를 만들었습니다. 그 뒤 토발즈는 리눅스를 카피레프트한다고 선언합니다.

자유소프트웨어운동과 오픈소스운동

리눅스가 발전하면서 자유소프트웨어운동도 함께 커 갑니다. 이 과정에서 자유소프트웨어운동이 분화되지요. 자유소프트웨어운동을 주도한 스톨만은 공유와 협동의 문화에 입각해서 소프트웨어를 개발해야 한

▎에릭 레이몬드

다고 역설했습니다. 사적 이익과 독점을 추구하는 산업체 주도의 문화에 반대한 것이지요. 하지만 스톨만의 도덕적이고 이상적인 운동 방식을 회의적으로 보는 사람들이 늘어납니다.

에릭 레이몬드가 「성당과 시장」이라는 논문을 발표하면서 자유소프트웨어를 실용주의적 관점에서 비판하는 움직임이 생겨납니다.

레이몬드는 GNU프로젝트에서 리눅스가 수행한 기능과 역할보다도 리눅스가 개발되고 개선되는 방식에 주목했습니다. 또한 리누스 토발즈가 리눅스를 만들었다는 사실보다 '리눅스의 개발 모델'을 만든 것에 더 큰 의미를 부여했지요. 리눅스의 개발 방식은 스톨만이 주도한 GNU프로젝트와는 다른 것이었습니다. 레이몬드는 스톨만이 주장하는 방식은 탁월한 능력을 가진 전문가들이 복잡한 프로그램을 개발하기 위해 위대한 고립 속에서 주의 깊게 작업하는 것과 유사하다고 주장합니다. 이것은 중세 '성당'을 건축하는 것과 유사한 접근 방식이었지요. 또한 레이몬드는 리눅스가 개발되는 과정은 마치 '시장'에서 여러 사람이 모여 어지럽게 뒤섞여 제품을 개발하는 방식이라고 말합니다. 바로 이런 방식이 리눅스의 성공을 가져왔다고 생각했지요. 레이몬드는 충분한 베타테스터컴퓨터 업체에서 제품을 판매하기 전에 제품에 결함이 있는지를 검사하는 사람와 공동 개발자가 있으면 문제 대부분이 빨리 파악될 것이고, 그중에는 쉽게 고치는 사람이 있게 마련이라고 생각했습니다. 또한 불완전한 소프트웨어를 자주 그리고 빠

❚ 오픈소스운동연합 엠블럼

르게 발표하여 수많은 사람이 버그를 수정하는 방식에 주목했지요.

레이몬드의 발표는 프로그래머와 업계에 커다란 반향을 일으켰습니다. 1998년 1월 네스케이프가 레이몬드의 주장을 수용하여 '네스케이프 커뮤티케이터'의 소스코드를 공개한다고 발표하였습니다. 네스케이프의 결정은 스톨만이 주장하는 자유소프트웨어운동과는 입장을 달리하는 운동이 형성되는 직접적인 계기가 되었습니다. 레이몬드에 동의하는 사람들은 오픈소스운동을 관리하기 위해 '오픈소스운동연합'이라는 조직을 결성하였습니다. 자유소프트웨어의 이념적 측면보다는 그것이 개발되는 방식에 초점을 맞추는 실용적 접근 방식을 따르는 이들은 산업체와의 관계에서도 스톨만과는 다른 입장을 취합니다. 이들은 산업계는 물론이고 자유소프트웨어를 만든 개발자에도 경제적인 보상을 제공해야 한다고 주장합니다. 스톨만이 산업계와의 협력을 거부하는 폐쇄적인 전략을 취하고 있으며, 소프트웨어 개발자에게도 도덕적인 대의에 협력하라고 요구한다고 보는 것이지요. 이데올로기적 관점이 아니라 실용적 기반 위에 자유소프트웨어가 설 수 있어야 한다는 것이 오픈소스 운동가들의 주장입니다.

결국 자유소프트웨어운동은 원칙에 입각한 소스코드의 자유로운 사용을, 오픈소스운동은 사회적 실용성에 중심을 둔 소스코드의 공개를 강조한다고 할 수 있습니다.

간추려 보기

- 카피레프트는 1984년 미국의 리처드 스톨만이 컴퓨터 소프트웨어의 상업화에 반대하면서 자유소프트웨어재단을 세워 GNU프로젝트를 펼치면서 시작된 운동이다.
- 이상주의적이고 도덕적인 리처드 스톨만의 입장에 대해서 실용주의적인 관점에서 비판이 이루어지기 시작했고, 이에 대한 대안으로 오픈소스운동이 떠올랐다.

집중 탐구 자유소프트웨어운동과 오픈소스운동의 차이점

자유소프트웨어운동과 오픈소스운동은 그 방향이 조금 다르다. 자유소프트웨어운동은 자유소프트웨어의 사회적인 의미를 강조한 데 반하여, 오픈소스운동은 소스코드를 공개함으로써 얻게 되는 기술적인 발전 및 경제적 이점을 강조한다. 자유소프트웨어재단은 자유만을 강조하다 보니 그 운동 자체가 너무 이상적이라는 비난을 받았다. 하지만 자유소프트웨어운동이 무료소프트웨어의 개발을 목표로 한다고는 단정할 수 없다. 예를 들어 자유소프트웨어를 CD-ROM에 담아 판매하는 것을 금지하는 것은 아니다. 오히려 자유소프트웨어를 팔아서 번 돈으로 다른 자유소프트웨어를 개발할 수 있기 때문이다. 자유소프트웨어가 지식재산권제도 자체를 부정하는 것도 아니다. 다만 지식재산권자의 자발적인 권리 포기를 통해 그 목적을 달성하고자 하는 것이다. 자유소프트웨어는 통상적인 상업용 소프트웨어와 그 개발 및 판매 방법이 다를 뿐이다.

오픈소스운동연합은 자유소프트웨어운동이 해커와 밀접하게 관련되어 있다는 이미지 때문에 한계가 있다고 보고, 오픈소스라는 새로운 개념을 사용한다. 이들은 IBM 등 IT 산업의 주요 멤버들을 참여시키고 새로운 비즈니스 모델을 주장하여 많은 성공을 거두었다. 오픈소스운동연합은 현재 수십 개의 라이선스를 인정하고 있으며, 자유소프트웨어재단보다 산업계에 더 가까이 다가서고 있다.

저작권의 활용과 공공의 이익

저작권 보호를 강화하는 것도 중요하지만, 저작자의 정당한 이익을 해치거나 저작물이 통상적인 이용 방법과 충돌하지 않는 경우에는 저작물을 누구나 자유롭게 이용하게 하는 것도 반드시 필요합니다. 이러한 공정이용을 확대함으로써 저작권의 오용과 남용 및 저작권 침해 행위가 고루 제어되기 때문입니다.

<big>사람은</big> 태어나서 듣고, 보고, 말하고, 읽고, 쓰면서 점차 자기 생각을 표현할 줄 아는 능력을 갖추게 됩니다. 처음부터 자기 생각을 나타내는 것이 아니라 남이 하는 것을 따라하며 배우는 것이지요.

그래서일까요. 언제 어디서든지 '저작권'에 대해 생각할 때마다 '거인의 어깨 위에 선 난쟁이'라는 말이 떠오릅니다.

"우리는 거인의 어깨 위에 선 난쟁이다. 따라서 그들보다 더 많이 더 먼 곳까지 볼 수 있지만, 이는 우리의 시야가 더 예리하거나 신체적으로 뛰어나기 때문이 아니다. 거인들이 그들의 키만큼 우리를 높이 올려 주었기 때문에 볼 수 있는 것이다."

−샤르트르의 베르나르

이러한 신념을 바탕으로 베르나르는 고전을 높이 평가하고, 우리가 옛 사람보다 더 멀리 볼 수 있는 것은 고전 위에 서 있기 때문이라고 가르쳤습니다. 앞서 창작 행위를 한 선배 저작자들이 난쟁이에 불과한 후배들

| 샤르트르의 베르나르

을 거인보다 더 멀리 볼 수 있는 존재로 향상시켜 준 것이지요. '저작권'은 바로 이러한 '거인'들에 대한 예의를 갖추자는 의미에서 출발합니다.

그렇다면 어떻게 해야 저작권이 개인의 사리사욕을 채우기 위한 도구로 전락하지 않고 공공의 이익에 부합하는 권리로서 자리 잡을 수 있을까요?

법보다는 사람이라는 인식의 확산

디지털 시대가 발달할수록 그 중요성과 함께 문제점도 커지는 것이 바로 저작권입니다. 일찍이 많은 사람들이 예견한 대로 모든 가치의 중심이 물질에서 지식과 정보로 옮겨 가는 요즈음, 저작권의 위력이 그 어느 때보다 위세 등등합니다. '해리포터'를 창조한 작가는 단숨에 영국에서 제일가는 부자가 되었고, 소프트웨어 황제는 몇 년째 세계 최고 갑부 자리를 지키고 있지요. 어느 작가의 책이 몇백 쇄를 찍었다는 소식도 따지고 보면 저작권의 위력을 과시한 것입니다. 인터넷을 점령하고 있는 수많은 콘텐츠 중에 유료 사이트가 점차 늘어나고 있는 추세도 이러한 저작권이 바탕에 자리 잡고 있기 때문입니다. 나아가 예전 같으면 무심코 지나쳤을 자기 저작물 이용 행위에 대해 이리저리 셈을 따져 보는 저작자가 늘어난 이유도, 저작권 공유 의식이 줄어들고 있다는 것을 나타내지요. 저작권법 제1조를 보면 '이 법은 저작자의 권리와 이에 인접하는 권리를 보호하고 저작물의 공정한 이용을 도모함으로써 문화 및 관련 산업의 향상 발전에 이바지함을 목적으로 한다.'라고 저작권법을 규정하고 있습니다. 권리란 '법에서 인정하는 힘'을 가리키는데, 이러한 권리는 상대

■ 「해리포터」를 쓴 조앤 롤링

적이어서 행사 주체뿐만 아니라 그 대상이 있어야만 성립합니다. 저작권의 대상은 당연히 저작물 이용자입니다. 대상이 없다면 저작권은 아무런 경제적 가치를 가질 수가 없습니다. 저작물의 공정한 이용을 위해서라도 일방적으로 저작권을 행사하기보다는 정당한 절차를 통해 이용자와 협의 또는 합의를 해야만 합니다. 법의 사각지대에 놓여 있는 사람들이 법을 잘 몰라서 저지른 행위조차도 법으로만 해결하려 드는 일부 몰지각한 저작권자들의 행태는 비난받아 마땅합니다.

이는 결코 저작권을 침해하는 사람들을 무조건 용서해야 한다는 뜻이 아닙니다. 올바른 저작권 의식이 전제되어야 함에도 무조건 '법대로'를 외치는 행태가 잘못되었다는 것이지요. 문화의 향상 발전을 위해 보호받을 만한 저작물은 무엇이며, 저작권을 왜 보호해야 하는지, 저작물을 정당하게 이용하는 방법은 무엇인지 사회적 합의가 필요합니다. 학교는 물론 가정에서도 배운 적이 없는 저작권을 과연 법으로만 보호한다고 효과가 있을까요?

저작권은 당연히 보호해야 합니다. 그렇기에 초·중·고등학교는 물론 최고 지성인들이 모여 공부하는 대학에서 교재를 불법 복제하는 일은 해서는 안 됩니다. 인생의 자양분이 되어야 할 고급 지식과 정보를 저작권과 출판권을 침해한 불법 복제물에서 얻는 행위는 건강을 염려하면서도 불량 식품을 통해 영양분을 섭취하는 일이나 다름없기 때문입니다. 그런데 법으로만 지켜지는 권리는 곧 한계를 드러내게 마련이고, 그 한계는 또 다른 법으로 극복할 수밖에 없습니다. 이제라도 '법보다 사람'이라는 인식 아래 '저작권 보호는 공중도덕을 지키는 일과 똑같다.'는 믿음

▌ 불법 복제 반대 캠페인

이 널리 퍼져야 합니다.

인용 원칙의 확대와 적용

저작권법에서는 '공표된 저작물은 보도 · 비평 · 교육 · 연구 등을 위해서는 정당한 범위 안에서 공정한 관행에 합치되게 이를 인용할 수 있다.'고 규정하고 있습니다.

여기서 인용이란 다른 저작물의 내용 중에서 한 부분을 참고로 끌어다 쓰는 것을 말하지요. 학술적으로나 예술적으로 가치를 지닌 저작물이 공표되었다면 마땅히 누구든지 그 저작물의 가치를 누리게 하는 것이 문화의 향상 및 발전을 위해서도 바람직할 것입니다. 그런 취지에서 다른 사람의 저작물을 인용하는 것에는 저작재산권이 미치지 않는다고 한 것입니다.

　그런데 '정당한 범위' 또는 '공정한 관행'은 무엇을 뜻하는 것일까요? 먼저 '정당한 범위'는 인용되는 저작물이 인용하는 저작물보다 그 분량이 많은가 아니면 적은가 하는 점, 인용하는 저작물이 인용되는 저작물의 시장 수요를 대체하는가 그렇지 않은가 등을 기준으로 판단합니다. '공정한 관행'은 인용되는 저작물이 인용하는 저작물과 구분되고 있는지, 인용되는 저작물이 출처를 잘 밝히고 있는지 등을 보고 판단할 수 있습니다.

〈예문 1〉

한국 경제, 수출·수입 의존도 G20 1위

　(서울=짝퉁뉴스) 아무개 기자 = 우리나라 경제의 수출 및 수입에 대한 의존도가 주요 20개국^{G20} 회원국 가운데 가장 높은 것으로 13일 나타났다. 특히 수출 의존도는 미국의 6배, 수입 의존도는 브라질의 4.5배에 달했다. 지난해 우리나라 국내총생산^{GDP}에서 수출이 차지하는 비중이 43.4%로 아직 통계가 나오지 않은 사우디아라비아를 제외하고 G20 가운데 최대였다. 누군가의 말처럼 자원이 없고 국토가 좁은 데다 자본마저 많지 않은 우리나라의 상황에서는 수출과 수입을 통해 경제 성장을 일궈야만 한다. 하지만 경제 위기 등을 겪으며 이제 이런 방식도 한계점에 다다랐다는 점을 인식해야 한다. 따라서 전문가들의 충고대로 서비스업 활성화를 통해 내수 시장을 키우는 데 관심을 쏟아야 할 것이다.

〈예문 2〉

한국 경제, 수출 · 수입 의존도 G20 1위

(서울=연합뉴스) 심재훈 기자 = 우리나라 경제의 수출 및 수입에 대한 의존도가 주요 20개국^{G20} 회원국 가운데 가장 높은 것으로 13일 나타났다. 특히 수출 의존도는 미국의 6배, 수입 의존도는 브라질의 4.5배에 달했다. 국제통화기금^{IMF}과 경제협력개발협력기구^{OECD} 등 주요 국제기구들이 최근 공동으로 작성한 'G20 주요 경제지표^{PIG}'에 따르면 지난해 우리나라 국내총생산^{GDP}에서 수출이 차지하는 비중이 43.4%로 아직 통계가 나오지 않은 사우디아라비아를 제외하고 G20 가운데 최대였다. 〈중략〉

기획재정부 관계자는 "자원이 없고 국토가 좁은데다 자본마저 많지 않은 우리나라의 상황에서는 수출과 수입을 통해 경제 성장을 일궈 왔으나 경제 위기 등을 겪으면서 이제 이런 방식도 한계점에 다다랐다는 점을 인식하고 있다."면서 "이에 따라 서비스업 활성화를 통해 내수 시장을 키우는 데 관심을 쏟고 있다."고 말했다.

〈예문 1〉의 경우에는 어디서부터 어디까지가 인용인지, 아니면 기자의 견해인지 분명하지가 않습니다. 반면에 〈예문 2〉의 경우에는 명확한 인용을 통해 기자의 견해가 잘 전달되고 있지요.

다른 사람의 저작물을 일부라도 인용할 때는 그 부분에 인용부호를 붙이든가 단락을 바꾸어 본문과는 다른 활자로 표시함으로써 인용 부분을 구분하는 것이 상식입니다. 또한 학술 관련 전문 서적이나 논문에서는 저자명, 책명 또는 논문 제목, 발행처, 발행 연도, 해당 면수 같은 출처를 적절한 위치에 밝히는 것이 옳습니다. 이러한 의무 사항이 지켜지지 않는다면 그 저작물은 신용이 없는 것으로 간주해야 하지요. 하지만 어디까지가 정당한 인용이고, 어디서부터가 저작권 침해에 해당하는지 판단하기가 어렵습니다.

만일 저작권을 침해할 의도가 있다면 다른 사람의 저작물을 가져오면서 출처를 제대로 밝힐까요? 도덕적으로 비난받아 마땅한 표절에 해당하지 않는다면 저작권 침해 또한 성립하지 않는 게 아닐까요? 도덕적으로는 깨끗한 사람이 법적으로는 범죄자가 될 수 있다면 그 자체가 모순이 아닐까요? 공공의 이익에 부합하는 저작권이 되려면 먼저 인용의 원칙을 조금 더 확대하고 유연하게 적용함으로써 인용으로 인한 저작권 침해 가능성을 줄이는 것이 반드시 필요합니다.

〈참고〉 인용할 때 주의할 점

(1) 출처의 표시 방법

일반적으로 인용되는 저작물의 출처는 구체적으로 표시해 주어야 한다. 예컨대 저작자, 저작물의 제호, 발행처 및 발행 연월일, 쪽 번호 등을 반드시 포함시켜야 한다. 그러나 인용되는 저작물이 신문 기사나 소설 등이어서 출처를 구체적으로 표시하기 곤란한 경우에는 괄호 안에 저작자와 저작물의 제호만을 기재하여도 출처가 표시된 것으로 볼 수 있다. 아울러 출처 표시는 각주나 후주 등 인용되는 저작물과 가까운 위치에 해 주면 된다.

참고 문헌란에 인용한 저작물의 서지 사항을 표시하는 것만으로는 출처 표시를 제대로 했다고 할 수 없으므로 주의해야 한다. 또한 출처 표시는 원문에 표시된 대로 하여야 한다. 원문의 저작자가 실명이면 실명을, 이명본명 외에 달리 부르는 이름이면 이명을, 무명이름이 없거나 이름을 알 수 없음이면 무명으로 표시해야 한다.

(2) 원문의 변경 인용

공표된 저작물을 인용할 때는 원문을 그대로 인용하여야 하며, 수정하거나 변경하여 인용해서는 안 된다. 원문을 수정 혹은 변경하여 인용하는 경우에는 저작인격권 중 동일성유지권 침해 행위가 될 수 있기 때문이다. 다만, 관련 법률에 명문화되어 있는 것은 아니지만, 원문을 부분적으로 생략중략하여 인용하거나 전체의 큰 뜻을 요약 또는 축약하여 인용하는 것은 가능하다는 것이 일반적인 해석이다.

(3) 외국저작물의 번역 인용

외국어로 된 저작물은 번역하여 인용하는 것이 허용된다. 곧 영어나 독일어로 작성된 저작물을 한글이나 다른 외국어로 번역하여 인용할 수 있다.

(4) 인용 대상 저작물 및 인용 매체의 범위

한때 발췌 인용 또는 절록알맞게 줄이어 기록함 인용만을 허용한 적이 있다. 또한 신문이나 정기간행물에서만 인용하도록 매체를 한정한 적도 있다. 따라서 저작물의 전체를 인용할 수밖에 없는 미술·사진·시 등은 인용 대상에서 제외되었고, 또한 단행본을 집필하는 경우에도 인용할 수 있는 길이 막혀 있었다. 그러나 요즘은 모든 공표된 저작물이 인용의 주체 및 객체가 된다. 방송 프로그램과 같은 영상저작물도 마찬가지다.

(5) 불법으로 제공된 저작물에서 인용

불법으로 제공된 저작물에서 인용을 할 수 있는지에 대해서는 법리적으로 서로 다른 해석이 존재한다. 명문 규정이 없기 때문이다. 그러나 우리 법이 준수해야 할 '베른협약'은 저작자의 허락을 받아 공중에 제공된 합법적인 저작물에서 인용하는 것만을 허용하고 있다. 곧 불법으로 제공된 저작물에서 인용하는 것은 허용하지 않다. 따라서 불법으로 제공된 저작물에서 인용할 때는 각별한 주의가 필요하다.

(6) 인용하는 저작물의 상업성 여부

저작권법이 정한 인용 요건을 충족한 이상 인용하는 저작물을 시중에 판매하더라도 문제가 되지 않는다. 남의 저작물을 인용한 학술서나 비소설 등이 시중에서 판매되었다는 이유로 불법 행위가 된 사례는 아직 없다.

공정이용의 범위 확대와 적용

저작권법에서 규정하고 있는 '저작물의 공정한 이용' 즉, '공정이용을 폭넓게 해석하고 적용한다면 공공의 이익에 부합하는 저작권의 면모는 한층 더 뚜렷해질 수 있습니다. 저작물의 디지털화와 유통 환경의 변화에 따라 저작권법의 저작재산권 제한 규정만으로는 다양한 상황을 모두 아우르기가 어렵습니다. 저작권을 제대로 보호하는 동시에 저작물의 공정한 이용을 도모함으로써 저작물 이용을 활성화한다는 취지에 부합하려면 공정이용을 넓게 해석하고 적용해야 합니다.

우선 저작권법에는 '저작물의 통상적인 이용 방법과 충돌하지 아니하고, 저작자의 정당한 이익을 부당하게 해치지 아니하는 경우에는 저작권자의 이용허락이 없더라도 저작물을 이용할 수 있다.'라고 명시하고 있습니다. 또한 저작물 이용 행위가 공정한 이용에 해당하는지 판단할 때에는 이용의 목적 및 성격, 저작물의 종류 및 용도, 이용된 부분이 저작물 전체에서 차지하는 비중과 그 중요성을 살펴봐야 한다고 규정합니다. 또한 저작물의 이용이 그 저작물의 현재 시장 가치나 또는 잠재적인 시장 가치에 미치는 영향 등을 살펴봐야 한다고 분명하게 말하고 있지요.

저작권은 원래 저작법에 따라 재산으로 인정되는 권리입니다. 이에 따라 저작자는 자기 저작물을 스스로 이용하거나 다른 사람이 이용하도록 허락할 수 있는 권리를 갖지요. 그러나 저작권법이 저작권자의 보호 위주로만 흐를 경우에 문화와 관련 산업의 향상과 발전이라는 목적을 달성하기 힘듭니다. 따라서 일정한 요건을 갖춘 경우에는 저작권자의 허락이 없더라도 저작물을 이용할 수 있도록 하고 있지요. 공정이용의 원리는 저작권을 제한하기 위한 것이 아니며, 저작물 이용자에게 저작권 침해에 따른 방어 수단을 제공하는 것도 아닙니다. 오히려 저작자에게 창작의 동기를 제공하는 동시에 이용자를 위해 저작물을 유포시킨다는 저작권법의 근본 원리가 바로 공정이용입니다.

결국 특정 저작물에 대한 공정이용 여부는 저작권법에서 규정한 영리성 유무, 저작물의 종류 및 용도, 이용된 저작물의 비중, 시장에 미치는 영향 등을 종합적으로 판단해서 결정할 문제입니다. 어쩌면 특정한 행위가 공정이용에 속하는지에 대해서는 최종적으로 법원에서 판결할 문세인지도 모릅니다. 그 전에 공정이용에 관한 범위를 사회적으로 합의하여 저작권자와 이용자의 대립을 방지하려는 노력이 먼저 이루어져야 합니다. 개인의 이익보다 공공의 이익이 우선적으로 반영되어야만 공정이용의 근본 목적과 더불어 저작권법 제정 취지에 부합한답니다.

저작권은 문화 산업의 걸림돌이 아니라 창작 활성제이다

세상을 아름답게 만들려는 수많은 사람의 노력이 없었다면, 새로운 창작 자체가 불가능할지도 모릅니다. 내 저작물이 누군가에게 유용하게 쓰인다면 더 바랄 것이 없겠다는 겸허함을 조금이라도 갖는다면 저작권 침해를 둘러싼 많은 분쟁이 줄지도 모릅니다. 부끄러움을 모르는 이용자를 눈감아 주자는 이야기가 아닙니다. 창작자의 노고 자체를 모르는 이용자들은 일벌백계로 다스려야 하겠지요. 하지만, 자기 역시 수많은 저작물에게 빚을 진 처지임을 인지하지 못하거나, 숨기고 다른 사람의 이용에 대해 무리한 권리를 주장하는 것이 옳을까요?

저작권법으로 보호하는 저작물은 시대에 따라 변해 왔습니다. 전통적인 저작물은 주로 글자, 숫자, 기호 등으로 이루어졌습니다. 시간이 흐르면서 소리나 영상 자체를 담고 있는 저작물이 등장했지요. 최근에는 디지털 기술에 기반한 저작물이 대세를 이루고 있습니다.

이러한 디지털 혁명의 긍정적인 측면은 1)사용자의 위신이 강화된다는 점 2)정보의 독점을 막고 다원주의가 확산된다는 점에 있습니다. 디지털 혁명은 사용자의 정보 개입과 정보 활용을 활성화함으로써 개인 사용자를 단순한 정보 소비자가 아니라 정보 발신자 및 정보 생산자의 지위로 끌어올렸습니다. 이는 기존의 일방적이었던 형태에서 쌍방향적이고 동시적인 커뮤니케이션으로 패러다임^{어떤 한 시대 사람들의 견해나 사고를 근본적으로 규정} ^{하고 있는 테두리로서의 인식 체계}을 전환하는 것을 의미합니다. 이에 따라 정보의 분산화와 탈중심화가 일어나고, 민주적인 정보 체제가 확립될 가능성이 커집니다.

하지만 산업끼리 융합하는 과정에서 거대 기업의 정보 독점 지배가 급속도로 이루어진다는 디지털 혁명의 부정적 측면도 있습니다. 이런 이유에서 선진국들은 정부가 국가 기반 시설 구축에 앞장서는 한편, 사업자끼리 경쟁을 확대하고 있습니다. 또한 국민의 이용 증진을 위해 관련 법규를 재검토하고 불필요한 규제를 철폐하는 등 다양한 대책을 마련하고 있지요. 하지만 매체의 발전 속도에 비추어 볼 때 법적 · 제도적 장치의 정비는 더디게 진행되고 있는 것이 현실입니다.

앞으로는 수많은 정보 중 정확하고 진실한 정보를 선택하고, 정보를 정리하고 분석하여 제공하는 능력이 중요해질 것입니다. 즉 관련 정보를 해석하고, 개개인의 상황에 맞게 분석하여 서비스를 제공하는 능력이 차츰 반드시 필요할 것입니다. 이러한 상황에서 정보의 가치는 희소성을 바탕으로 한 소유에서 나오는 것이 아닙니다. 인간의 행동, 서비스, 관계

등에서 나오는 것이지요. 디지털 환경에서는 정보를 생산하는 과정뿐 아니라 정보를 서비스, 분배, 수용, 사용, 전달하는 과정에서도 독창성이 필요합니다. 독창성이 곧 가치 창조이며, 이를 깨닫는 개인 혹은 기업만이 글로벌 리더로 성장할 수 있습니다.

저작권 보호 제도가 창작의 활성제로 기능할 것인지, 문화 산업에 걸림돌로 작용할 것인지는 저작물의 중요성을 체감하는 사람들이 얼마나 많으냐에 따라 달라질 것입니다. 저작권 보호를 강화하는 것도 중요하지만 공정이용의 범위 또한 넓힘으로써 저작권의 오용과 남용, 저작권 침해 행위를 고루 제어할 수 있어야 합니다.

앞으로 권리자와 이용자를 구별하는 것 자체가 무의미한, 누구든지 저작권자인 동시에 이용자인 시대가 펼쳐집니다. 저작권은 '야만'이 아닌 '문화'이기 때문입니다.

생각해 보기

- 출처를 밝히고 남의 저작물을 가져다 쓰는 정당한 '인용'과 다른 사람의 저작권을 침해하는 '무단 이용'은 어떻게 다른 것일까? 우리 주변에서 사례를 찾아보고 생각을 정리해 보자.
- 무조건 저작권 보호를 강화하는 것보다 공정이용의 범위를 확대해 나가는 것이 저작권법의 근본 목적을 달성하는 지름길이라는 주장에 대해 자기 의견을 표명해 보자.

- 저작권법은 '공표된 저작물은 보도 · 비평 · 교육 · 연구 등을 위해 정당한 범위 안에서 공정한 관행에 합치되게 이를 인용할 수 있다.'고 규정하고 있다. 여기서 인용이란 '다른 저작물의 내용 가운데에서 한 부분을 참고로 끌어다 쓰는 것'을 의미하며, 특히 말이나 글로 이루어진 저작물을 작성함에 있어서는 매우 흔하게 이루어진다.

- 인용에 있어 '정당한 범위'는 인용되는 저작물이 인용하는 저작물보다 그 분량이 많은가 적은가 하는 점, 인용하는 저작물이 인용되는 저작물의 시장 수요를 대체하는가 그렇지 않은가 등을 기준으로 판단한다. '공정한 관행'은 인용되는 저작물이 인용하는 저작물과 구분되고 있는지, 인용되는 저작물의 출처를 잘 밝히고 있는지 등을 보고 판단할 수 있다.

- 저작물 이용 행위가 공정이용에 해당하는지 판단할 때에는 이용의 목적 및 성격, 저작물의 종류 및 용도, 이용된 부분이 저작물 전체에서 차지하는 비중과 중요성, 저작물의 이용이 그 저작물의 현재 시장 가치나 잠재적인 시장 가치에 미치는 영향 등을 살펴야 한다.

6
CHAPTER

저작권과 자유 이용

법으로만 저작권 보호를 할 수는 없습니다. 권리자 및 이용자 모두가 저작권에 대해
윤리적이고 도덕적인 이해를 하고 이를 실천해야만 저작권을 제대로 보호할 수 있습
니다. 또한 무조건적인 저작권 보호가 아니라 저작물 창출과 관리를 통한 자유 이용
을 넓혀 가야만 합니다.

문화를 향상 발전시키기 위해서는 저작권을 반드시 보호해야만 합니다. 저작권을 보호하지 않는다면 창의적인 언론 및 출판 활동이 어려워질 뿐만 아니라 무단 복제 행위가 횡행할 게 분명합니다.

저작권과 윤리, 도덕, 법

윤리는 법률이나 관습과는 달리 개인 스스로가 자율적으로 결정하는 사회적 행동 규범 또는 규율입니다.

도덕은 가치 체계에 따라 사람들이 구체적으로 행동하는 방식이나 태도를 가리킵니다. 개별 행위가 옳으냐 그르냐 하는 문제는 도덕의 영역이고, 그러한 행위가 왜 옳고 그르냐 하는 문제는 윤리의 영역이지요.

법은 외면성, 타율성, 강제성을 띤 사회 규범입니다. 법은 바깥으로 드러나는 행위만 규제 대상으로 삼고 있으나, 도덕이나 윤리는 내면적인 문제까지도 대상으로 삼지요. 또한 법은 타율성을 가지는 데 비하여 도덕은 자율성을 지닙니다. 나아가 법은 그 실현이 국가의 강제력에 의해 보장되는 데 반하여, 도덕은 그러한 강제력이 뒤따르지 않습니다.

저작권은 윤리적 · 도덕적 · 법적 측면을 고루 갖추고 있습니다. 법적 강제력으로만 저작권 보호를 달성할 수는 없습니다. 권리자 및 이용자 모두가 윤리적이고 도덕적인 이해를 해야 하며 이와 더불어 실천이 뒤따라야만 저작권을 보호할 수 있습니다. 인간의 창의적 활동과 저작권 보호는 결국 서로에게 반드시 필요한 요소라고 할 수 있습니다. 창작 활동과 저작권은 아름다운 만남의 주체가 되어야 합니다. 저작권은 창작 활동의 든든한 후원 기능을 담당하고, 창작자는 저작권 행사와 공정이용을 수행함으로써 서로를 드높이는 관계로 나아가야 합니다. 그러한 창작자의 노력 중 하나가 CCL입니다.

CCL이란 무엇일까요?

CCL은 'Creative Commons License^{크리에이티브 커먼스 라이센스}'의 머리글자를 모아 놓은 말입니다. 다음 내용은 'CC코리아' 홈페이지에서 CCL을 설명하기 위해 게시해 놓은 글입니다.

'블로그에 글을 올리려다가 사진이 없어 허전할 때, 이리저리 검색하다가 맘에 드는 사진을 발견했는데 막상 갖다 쓰려니 불안한 적이 있나요? 내 글이나 사진이 필요한 곳에서 마음껏 쓰였으면 좋겠는데 방법을 모르겠다고요? 크리에이티브 커먼즈 라이선스를 알면 창작도 공유도 즐거워집니다.'

UCC, 블로그, 미니홈페이지를 비롯한 개인 디지털 미디어가 홍수를

┃ 크리에이티브커먼즈재단을 설립한 로렌스 레식, 할 어벨슨, 에릭 엘드레드(좌로부터)

이루면서 자유로운 정보 접근을 원하는 사람들이 많아지고 있습니다. 그렇다 보니 이용자들의 자유로운 정보 이용 욕구와 저작권이 부딪히며 각종 분쟁을 일으키기도 하지요. 저작권법은 저작물을 창작한 저작자에게 일정 기간 독점적이고 배타적인 권리를 부여함으로써 창작 의욕을 높이고, 문화 및 관련 산업의 향상과 발전을 도모할 목적으로 제정되었습니다. 하지만 주로 권리 보호에만 초점을 맞추는 것이 현실입니다. 다양한 창작물을 누리려는 많은 사람의 욕구를 제한하는 셈이지요.

　이에 뜻있는 사람들이 모여 저작물의 건전한 공유 문화를 확산하기 위해 새로운 방안을 모색했습니다. 크리에이티브 커먼즈 라이선스가 그 결과물이지요. 이 운동을 맨 처음 시작한 크리에이티브커먼즈재단은 로렌스 레식 미국 하버드대학 교수와 할 어벨슨 미국 메사추세츠공과대학 교수, 프로그래머 출신 저술가인 에릭 엘드레드 등이 주축이 되어 2001

년에 설립되었습니다. 이들 외에도 미국에서 지식재산권을 사용하는 데에 문제가 있다고 생각한 여러 사람들이 크리에이티브커먼즈재단 설립에 뜻을 모았지요.

CCL은 '모든 사람이 자유롭게 이용하도록 허락하되, 최소한의 통제권을 행사할 수 있다.'는 내용의 라이선스입니다. 일정한 조건 속에서 저작자의 창작물을 모든 사람이 이용할 수 있게 하는 것이지요. CCL은 저작물의 자유로운 이용을 장려함과 동시에 저작권자의 권리 보호를 목표로 합니다. 또한 비배타적이고 공동체적인 가치를 추구하고 있지요. 어디까지나 권리자의 자발적인 의사에 따르며, 모든 저작물을 대상으로 합니다. 또 CCL은 기존과는 다른 새로운 저작권 체계를 만드는 것이 아니라 어디까지나 현행 저작권법의 틀 안에서 움직이면서 저작물의 이용 관계를 더욱 원활하게 하는 역할을 합니다. 아울러 CCL은 전 세계적인 라이선스 시스템입니다.

CCL이 이용자에게 부과하고 있는 '이용 방법 및 조건'은 네 가지로 나눕니다.

1. 저작자 표시

저작자의 이름, 저작물의 제목, 출처 등 저작자 및 저작물에 관한 표

시를 해 주어야 합니다. 저작권법에서 규정하고 있는 저작인격권 가운데 하나입니다. 저작물의 원작품이나 그 복제물, 또는 저작물의 공표에 있어서 저작자의 실명 또는 이명을 표시할 권리인 성명표시권을 행사한다는 의미입니다.

2. 비영리

비영리 목적으로만 저작물을 이용해야 합니다. 물론 저작권자가 자신의 저작물에 이러한 비영리 조건을 붙였다 하더라도 저작권자는 이와는 별개로 이 저작물을 이용하여 영리 행위를 할 수 있습니다. 영리를 목적으로 하는 이용자와 별도로 계약을 한 후 대가를 받고 이용을 허락할 수 있습니다.

3. 변경 금지

저작물의 내용을 변경하거나 2차적저작물을 작성할 수 없습니다.

저작물을 이용하여 새로운 2차적저작물을 작성하는 것뿐만 아니라 저작물의 내용, 형식 같은 단순한 변경도 금지한다는 의미입니다. 다만 이 조건을 선택하지 않아 자유로운 변경을 허락한 경우에도 저작자의 명예 훼손에 해당할 정도로 저작물의 내용, 형식 및 제호의 동일성을 부정적으로 변경해서는 안 됩니다. 저작물을 편집저작물의 일부로 만드는 경우는 변경에 해당하지 않으므로 변경 금지 조건에 관계없이 자유롭게 이용할 수 있습니다.

4. 동일 조건 변경 허락

2차적저작물의 작성을 허용하되, 원저작물과 동일한 라이선스를 적용해야 합니다. 저작자 표시 중 비영리 조건이 붙은 원저작물을 이용하여 새로운 2차적저작물을 작성한 경우, 그 2차적저작물에도 마찬가지로 저작자 표시 중 비영리 조건을 붙여 이용해야 합니다.

한편, 위와 같은 네 가지 이용 방법 및 조건을 조합해서 여섯 가지 유형의 표준 라이선스를 만들 수 있습니다.

1. 저작자 표시

저작자와 출처 등을 표시하면 영리 목적으로 이용할 수 있게 하거나 변경 및 2차적저작물의 작성을 포함한 자유 이용을 허락합니다.

2. 저작자 표시-변경 금지

저작자와 출처 등을 표시하면 영리 목적으로 이용은 가능하나, 변경 및 2차적저작물의 작성은 허용하지 않습니다.

3. 저작자 표시-동일 조건 변경 허락

저작자와 출처 등을 표시하면 영리 목적으로 이용하는 것은 물론 2차적저작물의 작성을 포함한 자유 이용을 허락합니다. 단 2차적저작물에는 원저작물에 적용된 라이선스와 동일한 라이선스를 적용해야 합니다.

4. 저작자 표시-비영리

저작자와 출처 등을 표시하면 저작물의 변경, 2차적저작물의 작성을 포함한 자유 이용을 허락합니다. 단 영리적 이용은 허용하지 않습니다.

5. 저작자 표시-비영리-변경 금지

저작자와 출처 등을 표시하면 자유 이용을 허락합니다. 단 영리적 이용과 2차적저작물의 작성은 허용하지 않습니다.

6. 저작자 표시-비영리-동일 조건 변경 허락

저작자와 출처 등을 표시하면 저작물의 변경, 2차적저작물의 작성을 포함한 자유 이용을 허락합니다. 단 영리적 이용은 허용되지 않고 2차적저작물에는 원저작물에 적용된 라이선스와 동일한 라이선스를 적용해야 합니다.

크리스마스에 카페에서 캐럴을 트는 것은 저작권법 위반일까?

저작권법 제1조에 보면 '이 법은 저작자의 권리와 이에 인접하는 권리를 보호하고 저작물의 공정한 이용을 도모함으로써 문화 및 관련 산업의 향상 발전에 이바지함을 목적으로 한다.'고 규정하고 있습니다. 여기서 주목해야 할 표현으로 '저삭사의 권리' 그리고 '이에 인접하는 권리'라는 게 있지요. '저작자의 권리'란, 말 그대로 저작권, 즉 '저작인격권'과 '저작재산권'을 가리키는 말입니다. 그렇다면 '이에 인접하는 권리'란 무엇일까요?

앞서 살핀 것처럼 현행 저작권법에서는 이른바 '저작인접권'에 대해 다루고 있습니다. 저작인접권은 직접적인 '저작권'이 아닌 '저작에 준하는 권리'를 말합니다. 그런데 권리의 성질로 보아 재산권인 동시에 배타적이기는 하지만 직접 창작한 사람에게 부여한 권리가 아니라는 점에서 저작권과는 본질적으로 다르다는 점에 주의해야 합니다.

우리 저작권법에서는 실연자 · 음반제작자 · 방송사업가에게 저작인접권을 부여하고 있습니다. 이들은 저작물의 직접적인 창작자는 아니지만 그것을 해석하고 전파함으로써 저작물의 가치를 키웠을 뿐 아니라 문화 발전에 이바지하는 공로가 크므로, 그러한 행위에 일종의 정신적 창작성을 인정하여 저작권에 인접하는 배타적 권리를 부여한 것이지요.

그렇다면 캐럴을 연주한 연주자들은 엄연한 '실연자'로서 저작인접권자가 됩니다.

음반이란 '음이 유형물에 고정된 것을 말하며, 음이 영상과 함께 고정된 것을 제외하는 개념'으로 음이 고정된 유형물로서의 콤팩트디스크[CD]

나 롱플레잉^{LP} 레코드판 등의 매체가 아니라 이에 수록된 저작물로서의 콘텐츠를 가리킵니다. 음반이 일상적으로 매체를 의미하는 용어로 사용되기 때문에 오해를 방지하기 위해 이러한 콘텐츠를 '음원'이라고 부르기도 하지요. 따라서 MP3 등 일정한 포맷으로 디지털화한 파일도 음반에 해당합니다.

한편, 저작권법상 음반이란 반드시 그 고정된 내용이 음악이거나 그 밖에 다른 저작물일 필요는 없습니다. 새소리, 물소리 등 자연에서 나는 소리이거나 즉흥적으로 낭송되는 시를 녹음한 것도 음반이 될 수 있으니까요. 따라서 뮤직비디오의 경우 비록 그것이 음반을 주요 내용으로 하고 있지만 음반이 아니라 영상저작물로 취급된다는 점에 주의할 필요가 있습니다.

그렇다면 캐럴을 음반에 담은 사람이 곧 '음반제작자'가 되므로 그에게도 또한 '저작인접권'이 주어지게 됩니다. 어떤 음반에서 음원을 가져왔는지는 모르지만 카페에서 이런 점까지 고려하지 않았다면 저작인접권 침해로부터 자유로울 수 없습니다.

음악 파일을 합법적으로 이용하기 위해서는 저작권자, 실연자, 음반제작자 등 권리자 모두의 허락을 받아야 합니다. 다만, 권리자들이 자신들의 권리를 저작권위탁관리단체에게 신탁한 경우에는 신탁관리단체의 허락을 받아야만 합니다. 음악저작물과 관련이 있는 신탁관리단체로는 한국음악저작권협회(1988), 한국음악실연자연합회(2000), 한국음원제작자협회(2003) 등이 있습니다.

크리스마스 때 거리에서 캐럴이 흘러나오지 않는다면 얼마나 적막할까요? 저작권 보호를 강화하는 것도 중요하지만, 공정이용의 범위 또한 넓힘으로써 저작권의 오용과 남용, 저작권 침해 행위가 고루 제어되는 것이 바람직하지는 않을까요?

저작권의 합리적인 규율을 위해 노력하는 사람이 많아질수록 인류는 풍요로워질 것입니다.

저작권은 만능 도깨비방망이가 아니다

저작권에 대한 침해가 늘어남과 같이 소프트웨어 프로그램에 관한 저작권 침해도 나날이 늘어나고 있는 실정입니다. 특히 IT 강국인 우리나라에서는 기업에서 대부분 소프트웨어를 사용하기에 그만큼 더 신경이 쓰이는 부분이기도 하지요.

대학을 졸업하고 다국적 소프트웨어 회사인 A사에서 컴퓨터프로그램을 개발하던 B 군은 회사 내부 사정으로 회사를 그만두게 되었습니다. B 군은 직접 회사를 설립하고 A사에서 근무할 당시 본인이 개발한 프로그램을 응용한 새로운 프로그램을 개발해서 판매를 시작했습니다. 이를 안 A사는 B 군이 개발해서 판매 중인 프로그램은 A사가 보유하고 있는 저작권을 침해한 결과물이라며 B 군을 고소합니다.

과연 B 군은 A사의 저작권을 침해한 것일까요? 자신이 그 회사에 근무할 당시 만든 프로그램이기는 하지만, 그것을 그대로 본뜬 것이 아니라 응용한 것일 뿐인데 이런 경우에도 저작권 침해가 성립할까요? B 군을 고소한 A사가 저작권을 만능 도깨비방망이처럼 휘두른 것은 아닐까요?

저작재산권은 저작물에 의거하고 유사성을 보인다면 침해가 성립됩니다. 만약 두 가지 조건 중 하나라도 만족되지 않는다면 독립적인 저작물이 되지요.

실제로 저작물 성립 요건으로서의 창작성에 관한 판례^{서울중앙지방법원 제4형} ^{사부 2005. 12. 13. 선고, 2005노3375 판결 등}를 살펴보면, 저작권법에서 보호하는 저작물, 즉 창작물이란 저작자 자신의 작품으로서 남의 것을 베낀 것이 아니어야 합니다. 또한 높은 수준은 아니어도 저작권법에 의한 보호를 받을 가치가 있는 최소한도의 창작성은 있다는 것을 의미하지요. 저작권법이 보호하는 것은 인간의 사상·감정을 말·문자·음·색 등에 의해 구체적으로 외부에 표현한 창작적 표현 형식이고, 아이디어나 이론 등의 사상 및 감정 즉 표현되어 있는 내용 그 자체는 설사 그것이 창작성이 있다 하더라도 원칙적으로는 저작권법에서 정하는 저작권의 보호 대상이 되지 않습니다. 특히 학술의 범위에 속하는 저작물의 경우 그 학술적인 내용은 만인에게 공통되는 것이고 누구라도 자유롭게 이용할 수 있는 아이디어에 속합니다. 또한 저작권의 보호는 창작적 표현 형식에 있지 학술적인 내용에 있는 것은 아닙니다. 이러한 학술적 내용은 그 이론을 이용하더라도 구체적인 표현까지 베끼지 않는 한 저작권 침해로 볼 수 없습니다.

저작물의 구체적인 표현 형식이 그 자체로 독창적인 정도는 아니고 기존의 서적, 논문 등과 공통되거나 공지의 사실을 기초로 하고 있다고 할지라도 특정한 이론적 설명에 관해 어떠한 문자를 사용하여 어떤 방식으로 서술하느냐는 저자의 창조적인 정신에 따라 다를 수 있습니다. 같은 개념이라도 저자가 자신의 경험 등을 토대로 이용자들이 쉽게 이해할 수 있도록 이론과 문제를 정리하여 나름의 표현 방식^{이론 전개 방식이나 서술 내용, 그}

림, 도표의 사용을 통해 이론을 설명하거나 문제에 대한 접근 방법, 풀이 방법 및 관련 용어를 설명하는 방법으로 저술했다면, 저작자의 창조적인 정신적 노력에 의해 만들어진 작품이기 때문에 창작성이 인정됩니다. 하지만 그 표현 형식이 저작되기 이전부터 사용되어 왔다면 창작성을 인정하기 어렵다는 것이 법원의 일관된 판단입니다.

결국 위의 사례에서는 유사성을 띠지 않기 때문에 처벌을 받지 않을 가능성이 매우 높습니다. 이렇게 창조해 낸 프로그램, 음악, 그림 등은 기존의 저작물과 비슷하다고 해서 저작권이 침해되는 것이 아니라 그것이 유사한 느낌이 들더라도 구체적 표현이 다르다면 그것은 별개의 저작물로 인정됩니다. 얼핏 생각하면 저작권은 모순투성이인 것처럼 보일 수도 있습니다. 창조성을 띤 저작물의 개발을 도모한다는 취지로 저작권법을 만들었지만 이에 대한 일반인들의 인식은 충분하지 않습니다. 저작자들 또한 저작권법의 취지를 잘못 이해하거나 남용하여 소중한 지적 재산의 공유를 가로막기도 하지요. 모쪼록 저작권에 대한 인식을 하나하나 바꾸어 나감으로써 저작권 환경을 점진적으로 개선하여야 하겠습니다.

집중 탐구 CCL 관련 Q&A

Q CCL을 설정하면 저작물에 대한 내 권리는 어떻게 보호되나?

A CCL은 저작자로 하여금 조금 더 유연한 방법으로 저작권을 보유하고 관리할 수 있도록 도와준다. CCL은 저작물의 사용허락에 대한 계약으로, CCL과는 상관없이 저작물의 모든 권리는 저작자에게 그대로 귀속된다.

Q CCL을 사용하려면 내 저작권을 따로 등록할 필요가 있나?

A 그렇지 않다. 우리나라 저작권법에서는 '저작권은 저작물을 창작한 때부터 발생하며 어떠한 절차나 형식의 이행을 필요로 하지 아니한다.'라고 규정하고 있다. 따라서 별도의 등록이 없어도 저작자는 창작하는 순간에 저작물에 대한 저작권을 갖게 된다.

Q 내 블로그에 CCL을 사용할 때 어떤 점을 주의해야 하나?

A CCL은 본인의 저작물에만 적용할 수 있다. 따라서 공동저작물 또는 업무상 저작물일 경우 저작자를 꼼꼼하게 따져야 하며 CCL이 적용되는 범위를 명확하게 정해 주어야 한다.

Q 다른 사이트에서 퍼 온 글에도 CCL을 설정할 수 있나?

A 본인에게 저작권이 없는 저작물에는 CCL을 설정하면 안 된다. 남의 저작물에 CCL을 설정하는 행위는 곧 원저작자의 권리를 침해하는 행위이다. 이러한 행위는 저작권법을 위반하는 것이다.

※ 참고 사이트 : http://www.cckorea.org(크리에이티브 커먼즈 코리아)

CCL을 창시한 레식 교수가 저작권을 침해했다는 뉴스가 논란이 된 적이 있다. 2010년 6월, 레식 교수는 서울에서 열린 'CC 아시아' 콘퍼런스에 참석했다. 아시아와 오스트레일리아, 뉴질랜드의 크리에이티브 커먼즈 운동가들이 모여 각 나라의 공유 문화를 소개하는 행사였다. 이 콘퍼런스에서 레식 교수는 CCL의 정신인 '개방'을 주제로 50분 정도 강연을 했다. 그는 강연에서 프랑스 밴드 '피닉스'가 부른 '리츠토매니아'라는 노래를 가지고 이용자가 만든 뮤직비디오를 보여 주었다. 이 비디오를 소개하면서 저작권이 느슨할 때 나타나는 현상을 말한 것이다. 레식 교수는 이날 강연한 내용과 발표한 자료를 유튜브에 올렸다.

그런데 이용자가 만든 '리츠토매니아' 뮤직비디오가 문제였다. 리츠토매니아의 저작권을 가진 '리버레이션'이라는 음반 회사는 이 음악이 흘러나오는 것을 저작권 침해라고 판단했다. 레식 교수의 영상이 피닉스가 노래 부르는 모습이 아니라, 그 노래에 맞춰 사람들이 새롭게 만든 뮤직비디오를 담고 있었고, 강연 영상이 상업적으로 쓰인 것도 아니다. 또, 리츠토매니아는 50분짜리 강연 중간에 아주 잠깐 흘러나왔을 뿐이다. 그런데도 음반 회사는 레식 교수의 강연 동영상을 유튜브에서 차단하는 조치를 단행했다.

레식 교수는 자기가 올린 동영상이 사라져 버리자 음반 회사에 항의했다. 그는 동영상에 피닉스의 노래가 쓰인 것은 저작권을 침해한 게 아니라 '공정 이용'에 해당한다고 주장했다. 또한 레식 교수는 동영상을 차단한 것은 음반 회사의 저작권 남용에 해당한다고 주장하며 소송을 제기했다. 2분 남짓한 패러디 영상에 자기 노래가 쓰였다고 저작권 침해를 주장하며 강연 동영상을 차단한 음반 회사, 저작권을 남용했다고 저작권자에게 소송을 건 레식 교수, 과연 이들 중 누가 잘못한 것일까?

저작권 보호 체계도

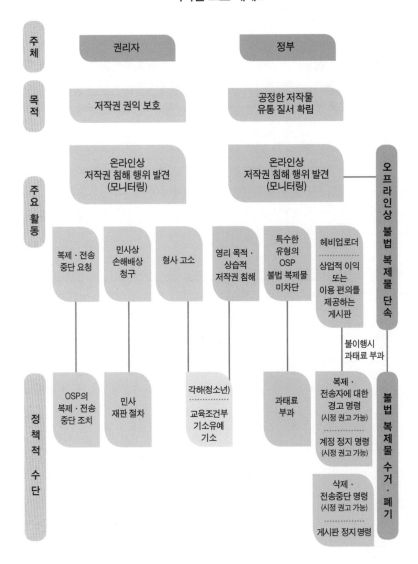

저작권 보호 체계도

주체	권리자	정부	
목적	저작권 권익 보호	공정한 저작물 유통 질서 확립	
주요 활동	온라인상 저작권 침해 행위 발견 (모니터링)	온라인상 저작권 침해 행위 발견 (모니터링)	오프라인상 불법 복제물 단속

주요 활동:
복제·전송 중단 요청 / 민사상 손해배상 청구 / 형사 고소 / 영리 목적·상습적 저작권 침해 / 특수한 유형의 OSP 불법 복제물 미차단 / 헤비업로더 ····· 상업적 이익 또는 이용 편의를 제공하는 게시판

불이행시 과태료 부과

정책적 수단:
OSP의 복제·전송 중단 조치 / 민사 재판 절차 / 각하(청소년) ····· 교육조건부 기소유예 기소 / 과태료 부과 / 복제·전송자에 대한 경고 명령 (시정 권고 가능) / 계정 정지 명령 (시정 권고 가능)

삭제·전송중단 명령 (시정 권고 가능) ····· 게시판 정지 명령

불법 복제물 수거·폐기

* 출처 : 문화체육관광부·한국저작권위원회(2009), 『저작권법과 컴퓨터프로그램보호법을 통합한 개정 저작권법 해설』, p. 85.

간추려 보기

- 저작권은 윤리적 · 도덕적 · 법적 측면을 고루 갖추고 있는 덕목이다. 법적 강제력으로만 저작권 보호를 달성할 수 없다. 권리자 및 이용자 모두에게 저작권에 대한 윤리적이고 도덕적인 이해와 실천이 뒤따라야 한다.
- 미국 하버드대학교의 로렌스 레식 교수 등이 설립한 크리에이티브커먼 즈재단이 펼치고 있는 CCL 운동은 인터넷으로 유통되는 수많은 저작물의 공정한 이용을 위해 고안된 하나의 방식이다.
- 무조건적인 저작권 보호가 아니라 저작물 창출과 저작권 관리를 통해 공정이용의 범위를 넓혀 나가야 한다.

용어 설명

공동저작물 2인 이상이 공동으로 창작한 저작물로서 각자가 이바지한 부분을 분리하여 이용할 수 없는 것을 말한다.

공연 저작물 또는 실연 · 음반 · 연주 · 가창 · 구연 · 낭독 · 상영 · 재생 그 밖의 방법으로 사람들에게 공개하는 것을 말한다.

공중 사회의 대부분의 사람들을 말한다.

공중송신 저작물, 실연, 음반, 방송 또는 데이터베이스를 공중이 수신하거나 접근하게 할 목적으로 무선 또는 유선통신으로 송신하거나 이용에 제공하는 것을 말한다.

공표 저작물을 공연, 공중송신, 전시 그 밖의 방법으로 공중에게 공개하는 경우와 저작물을 발행하는 경우를 말한다.

데이터베이스 소재를 체계적으로 배열 또는 구성한 편집물로서 개별적으로 그 소재에 접근하거나 그 소재를 검색할 수 있도록 한 것을 말한다.

발행 저작물 또는 음반을 공중의 수요를 충족시키기 위해 복제 또는 배포하는 것을 말한다.

방송 공중이 동시에 수신하게 할 목적으로 소리와 영상 등을 송신하는 것을 말한다.

배포 원본이나 복제물을 공중에게 대가를 받거나 받지 않고 양도 또는 대여하는 것을 말한다.

실연자 저작물을 연기 · 무용 · 연주 · 가창 · 구연 · 낭독 그 밖의 예능적 방법으로 표현하거나 저작물이 아닌 것을 이와 유사한 방법으로 표현하는 사람을 말한다. 실연을 지휘, 연출 또는 감독하는 사람을 포함한다.

업무상 저작물 법인 · 단체 등에서 종사하는 사람이 업무상 작성하는 저작물을 말한다.

저작물 인간의 사상 또는 감정을 표현한 창작물을 말한다.

저작자 저작물을 창작한 사람을 말한다.

전송 원하는 사람에게 저작물 등을 제공하는 것을 말하며, 그에 따라 이루어지는 송신을 포함한다.

컴퓨터 프로그램 저작물 특정한 결과를 얻기 위해서 컴퓨터 등 정보 처리 능력을 가진 장치 내에서 직접 또는 간접으로 사용되는 일련의 지시·명령으로 표현된 창작물을 말한다.

편집물 저작물이나 부호·문자·음성·영상 그 밖의 형태의 자료 집합물을 말하며, 데이터베이스를 포함한다.

편집 저작물 편집물로서 그 소재의 선택·배열·구성에 창작성이 있는 것을 말한다.

찾아보기

내인생의책은 한 권의 책을 만들 때마다
우리 아이들이 나중에 자라 이 책이 '내 인생의 책'이라고 말할 수 있는 책을 만들고자 합니다.

세상에 대하여 우리가 더 잘 알아야 할 교양

㊼ 저작권 카피라이트냐? 카피레프트냐?

김기태 글

초판 인쇄일 2016년 10월 14일 | 1판 2쇄 2017년 7월 27일
펴낸이 조기룡 | 펴낸곳 내인생의책 | 등록번호 제10-2315호
주소 서울시 마포구 동교로12길 3, 2층
전화 (02) 335-0449, 335-0445(편집) | 팩스 (02) 6499-1165

ISBN 979-11-5723-286-4 (44300)
       978-89-97980-77-2 (세트)

책값은 뒤표지에 있습니다. 잘못된 책은 구입처에서 바꾸어 드립니다.

이 도서의 국립중앙도서관 출판시도서목록 (CIP)은 e-CIP 홈페이지(http://www.nl.go.kr/ecip)에서 이용하실 수 있습니다.
(CIP제어번호 : 2016023509)

내인생의책에서는 참신한 발상, 따뜻한 시선을 가진 원고를 기다리고 있습니다. 원고는 내인생의책
전자우편이나 홈카페를 이용해 보내 주세요. 여러분의 소중한 경험과 지식을 나누세요.
전자우편 bookinmylife@naver.com

어린이제품안전특별법에 의한 제품 표시

제조자명 내인생의책 | **제조년월** 2017년 7월 | **제조국** 대한민국 | **사용연령** 5세 이상 어린이 제품
주소 및 연락처 서울시 마포구 동교로12길 3, 2층 (02) 335-0449 | **담당 편집자** 정내현

디베이트 월드 이슈 시리즈

세상에 대하여 우리가 더 잘 알아야 할 교양

전국사회교사모임 선생님들이 번역 및 창작한 신개념 아동·청소년 인문교양서!

《디베이트 월드 이슈 시리즈 세더잘》은 우리 아이들에게 편견에 둘러싸인 세계 흐름에서 벗어나 보다 더 적확한 정보와 지식을 제공합니다. 모두가 'A는 B이다.'라고 믿는 사실이, 'A는 B만이 아니라, C나 D일 수도 있다.'라는 것을 알려 주면서 아이들이 또 다른 진실을 발견하도록 안내합니다.

★ 전국사회교사모임 추천도서 ★ 문화체육관광부 우수교양도서 ★ 한국간행물윤리위원회 청소년 권장도서 ★ 서울시교육청 추천도서
★ 보건복지부 우수건강도서 ★ 아침독서 추천도서 ★ 대교눈높이창의독서 선정도서 ★ 학교도서관저널 추천도서

① 공정무역 ② 테러 ③ 중국 ④ 이주 ⑤ 비만 ⑥ 자본주의 ⑦ 에너지 위기 ⑧ 미디어의 힘 ⑨ 자연재해 ⑩ 성형 수술 ⑪ 사형제도 ⑫ 군사 개입 ⑬ 동물실험 ⑭ 관광산업 ⑮ 인권 ⑯ 소셜 네트워크 ⑰ 프라이버시와 감시 ⑱ 낙태 ⑲ 유전공학 ⑳ 피임 ㉑ 안락사 ㉒ 줄기세포 ㉓ 국가 정보 공개 ㉔ 국제 관계 ㉕ 적정기술 ㉖ 엔터테인먼트 산업 ㉗ 음식문맹 ㉘ 정치 제도 ㉙ 리더 ㉚ 맞춤아기 ㉛ 투표와 선거 ㉜ 광고 ㉝ 해양석유시추 ㉞ 사이버 폭력 ㉟ 폭력 범죄 ㊱ 스포츠 자본 ㊲ 스포츠 윤리 ㊳ 슈퍼박테리아 ㊴ 기아 ㊵ 산업형 농업 ㊶ 빅데이터 ㊷ 다문화 ㊸ 제노사이드 ㊹ 글로벌 경제 ㊺ 플라스틱 오염 ㊻ 청소년 노동 ㊼ 저작권

세더잘 42

다문화 우리는 단일민족일까?

박기현 글 | 변종임 감수

우리는 단일민족이기 때문에 다문화 사회로의 전환이 원칙적으로 어렵다.
Vs. 우리는 원래 다문화 사회였기 때문에 행복한 다문화 사회를 만들 수 있다.

최근 한국 사회에도 다문화 가정이 많이 늘어나는 추세입니다. 하지만 여전히 다른 인종과 다른 민족에 대한 편견과 차별이 존재하고 있는 것이 현실이지요? 과연 한국은 다문화 사회로의 성공적인 전환이 가능할까요?

세더잘 41

빅데이터 빅브러더가 아닐까?

질리 헌트 글 | 이현정 옮김 | 최진 감수

빅데이터는 새 시대를 열어 줄 신기술이므로 적극적으로 데이터를 활용할 제도를 구축해야 한다.
Vs. 빅데이터로 인한 개인 정보 유출 등의 빅브러더 문제를 막으려면 데이터 활용을 적절히 규제해야 한다.

식품 산업에서부터 스포츠 경기에 이르기까지 빅데이터 기술을 활용한 시장 분석은 인류 생활에 큰 변화를 가져왔지요. 그런데 정보를 수집하는 빅데이터 기술의 특성상 개인 정보의 침해라는 인권 문제도 함께 제기되고 있어요. 과연 신기술은 어디까지 허용되야 할까요?

세더잘 40

산업형 농업 식량 문제의 해결책이 될까?

김종덕 글

산업형 농업은 인류의 식량난을 해결한 획기적이고 효율적인 농업 방식이다.
Vs. 산업형 농업으로 인해 환경 오염이 심해지고 우리의 건강이 위협받고 있어 다른 대안을 찾을 때다.

인구 증가가 가속되되면서 인류는 식량 문제에 직면했고, 그 해결책으로 마치 공장에서 찍어내듯 대량으로 농작물을 경작하는 산업형 농업이 등장했습니다. 산업형 농업은 인류의 굶주림을 어느 정도 해결해 주었지만, 환경오염이라는 다른 문제점을 낳았습니다. 과연 인류는 산업형 농업 외에 다른 대안을 찾아야 할까요?

세더잘 39

기아 왜 멈출 수 없을까?

앤드루 랭글리 글 | 이지민 옮김 | 마이클 마스트란드리 · 김종덕 감수

식량 생산량 증가를 통해 기아 문제를 해결할 수 있다.
Vs. 부패한 정치와 거대 자본에 휘둘리지 않는 공정한 분배를 실현해야 한다.

최근 100여 년간 인류의 식량 생산량은 꾸준히 늘어났지만 세계 곳곳에서 기아에 시달리는 사람은 여전히 넘쳐납니다. 이 책에서는 기아의 원인과 현실 그리고 기아 퇴치를 위한 갖가지 방법을 풍부한 사례와 함께 다루고 있습니다.